Baden-Württemberg

Deutschbuch

Differenzierende Ausgabe

Arbeitsheft 3

Schreiben
Texte und Medien
Grammatik
Rechtschreibung
Lernstandstest

Herausgegeben von
Christa Becker-Binder und Dorothea Fogt

Erarbeitet von
Dorothea Fogt (Mannheim),
Agnes Fulde (Gütersloh),
Andreas Glas (Stuttgart)
und Christian Weißenburger (Ludwigsburg)

scook

Deine **interaktiven Gratis-Übungen** findest du hier:

1. Gehe auf scook.de.
2. Gib den unten stehenden Zugangscode in die Box ein.
3. Hab viel Spaß mit deinen Gratis-Übungen.

Dein Zugangscode auf
www.scook.de

Die Gratis-Übungen können dort nach Bestätigung der AGB und Lizenzbedingungen genutzt werden.

thnk8-atdkx

Cornelsen

Inhaltsverzeichnis

Rechtschreibung

Lernstandstest

Kennzeichnungen in diesem Arbeitsheft:

1	Aufgabe
●○○	Diese Aufgaben sind eher leicht.
●●○	Diese Aufgaben sind schon etwas kniffliger.
●●●	Diese Aufgaben sind etwas für Profis.

Du kannst immer mit den leichteren Aufgaben beginnen und dich bis zu den Aufgaben für Profis durcharbeiten.

Information	Zusammenfassung des Grundwissens
Methode	Aufzeigen einer Vorgehensweise
┏	Tipps und Arbeitshilfen
►	Der Pfeil sagt dir, auf welcher Seite du etwas nachschlagen kannst.

Mit dem beigefügten Lösungsheft kannst du deine Ergebnisse zu den Aufgaben und Tests selbst überprüfen.

Zu einer Ballade schreiben

Information **Zu einer Ballade schreiben**

- Erschließe den **Inhalt der Ballade.**
- Versetze dich in die **Figuren** und notiere ihre **Eigenschaften** und **Gefühle.**
- Mache dir klar, welche Art von Text (Erzählung, Selbstgespräch, Tagebucheintrag, Brief, Bericht) du schreiben sollst und was die Textart von dir verlangt, z. B. Präteritum, Ich-Form usw.
- Verfasse einen Schreibplan oder notiere deine Ideen.

1 **Lies die Ballade. Hast du auch schon Abenteuer auf Urlaubsfahrten erlebt? Notiere.**

____

____

____

Gertraud Bildl

Autobahnballade

1 Vater, Mutter, Söhnchen, Sohn
auf dem Weg nach Süden schon –
Autobahn glänzt regennass,
erstes Ziel: der Brennerpass.

Vierköpfige Familie fährt auf der Autobahn Richtung Süden.

2 Söhnchen quengelt: „Ich will raus!“
„Nächster Parkplatz! Klappe! Aus!“
Essen, trinken und aufs Klo,
jetzt sind Sohn und Söhnchen froh.

Söhnchen quengelt, Vater hält auf Parkplatz an.

3 Minuten später Söhnchen greint:
„Sind wir bald da?“ Der Vater meint:
„Etwas müsst ihr schon noch warten.“
Sohn und Söhnchen spielen Karten.

____

____

4 Autolampen, Lichtgefunkel –
Regen rinnt im Abenddunkel.
Mutter Elvis säuseln lässt.
Sohn und Söhnchen schlafen fest.

____

____

5 Vater hält am Rasthaus an,
weil er kaum noch sehen kann.
Eltern wollen Kaffee trinken,
um nicht in den Schlaf zu sinken.

____

____

6 Plastikkaffee – schon geht’s weiter.
Später fragt die Mama heiter:
„Alles klar, Sohn eins und zwei?“
Benny regt sich: „Wo ist Kai?“

Weiterfahrt, Mutter fragt gut gelaunt, ob alles in Ordnung sei.

7 Kai ist weg! Blankes Entsetzen.
Eilig durch die Ausfahrt hetzen.
„Polizei – ruf schnell dort an!“
Ob sie Kai gleich finden kann?

8 Auf dem Parkplatz kreuz und quer
kurvt der Papa hin und her.
„Kai!“, ruft Mama dauernd laut.
Benny ängstlich Nägel kaut.

9 Lichter kreisen – Menschen rennen,
Benny ist nah dran zu flennen.
Doch dann schlägt er hart ans Fenster,
denn er glaubt, er sieht Gespenster:

Benny entdeckt Kai.

10 Da sitzt im Bus der Polizei
am Steuer stolz der Bruder Kai
und drückt auch gleich auf die Sirene,
er genießt sogar die Szene!

11 Umarmung, Küsse, Tränen, Fragen –
„Ich hatte Durst und wollt’ es sagen,
ich lief euch nach, doch Riesenschreck,
es war das Auto plötzlich weg.

12 Beim Rasthaus setzte ich mich nieder.
Ich hoffte sehr, ihr kommt bald wieder.
Die Polizei hat mich gefunden
und drehte mit mir ein paar Runden.“

Kai erklärt sein Verschwinden.

13 Die Eltern sind noch immer bleich,
doch Söhnchen boxt den Bruder gleich.
Die Polizisten aber mahnen:
„Vergesst niemand an Autobahnen!“

2 **a** Unterstreiche Schlüsselwörter:
- Wer ist am Geschehen beteiligt?
- Wo spielt sich das Geschehen ab?
- Was geschieht Aufregendes?

b Markiere in einer anderen Farbe die Gefühle der beteiligten Figuren.

3 Ergänze auf den Linien neben den Strophen ihren Inhalt (die Erzählschritte) in Stichworten oder ganzen Sätzen. Nenne auch die Gefühle, wenn sie für die Handlung wichtig sind.

4 Schreibe auf, wo für dich der Spannungshöhepunkt der Ballade liegt. Begründe kurz.
Tipp: Du kannst dafür zunächst eine Spannungskurve in dein Heft zeichnen.

Stärken stärken: Einen Brief zu einer Ballade schreiben

Information | **Aus der Perspektive einer literarischen Figur schreiben**

Wenn du aus der Perspektive (Sicht) einer literarischen Figur einen Brief schreibst, versetzt du dich in die Figur. Überlege:

- Was **erlebte** die Figur?
- Was **dachte** und **fühlte** die Figur?

Schreibe in der **Ich-Form.** Verwende das **Präteritum.**

●○○ **1** **Versetze dich in die Lage von Kai. Wie fühlte er sich auf der Autobahnraststätte? Was ging ihm durch den Kopf? Notiere deine Ideen spontan in den beiden folgenden Clustern.**

●○○ **2** **Glücklich am Urlaubsort angekommen, schreibt Kai einen Brief an seine Großeltern. Ergänze den folgenden Anfang des Briefes mit ein oder zwei Sätzen, in denen klar wird, worum es in dem Brief gehen soll.**

Amalfi, den 22.08.20XX

Liebe Großeltern,

ihr werdet mir ganz bestimmt nicht glauben, was mir auf der Fahrt …

3 Formuliere nun den Hauptteil des Briefes.

a Lies die Strophen 10 bis 12 auf der Seite 5 noch einmal ganz genau.

b Bringe die folgenden Ereignisse in die richtige zeitliche Reihenfolge, indem du die Sätze nummerierst.

☐ Die Polizei fand mich.

☐ Dann fiel ich euch in die Arme.

2 Ich lief euch noch hinterher, doch ihr ward nicht mehr da.

☐ Als ich euch sah, drückte ich auf die Sirene.

☐ Beim Rasthaus wartete und hoffte ich, dass ihr bald wiederkommt.

☐ Die Polizei fuhr mit mir über den Rastplatz.

☐ Ich wollte nur etwas trinken.

c Formuliere den Hauptteil des Briefes in deinem Heft. Nutze dafür deine Vorarbeiten:
- **In Aufgabe 1 hast du die Gefühle und Gedanken von Kai gesammelt.**
- **In Aufgabe 3 b hast du die wichtigsten Ereignisse in die richtige Ordnung gebracht.**

4 Formuliere einen Schluss für deinen Brief.
Du kannst zum Beispiel einer Hoffnung Ausdruck geben oder einen Wunsch formulieren.

____

____

____

5 Kontrolliere deinen Brief mit Hilfe des Tippkastens.
Hast du an alles gedacht?

	Briefkopf (Ort, Datum)
Anrede:	Lieber ..., Hallo ...
Einleitung:	Bezug zum Vorfall
Hauptteil:	Gedanken, Gefühle ... Schilderung der Situation
Schluss:	Frage, Bitte, Wunsch ...
Grußformel:	Herzliche/Viele Grüße
Unterschrift:	

Stärken stärken: Einen Tagebucheintrag zu einer Ballade schreiben

Information **Aus der Perspektive einer literarischen Figur schreiben**

Wenn du aus der Perspektive (Sicht) einer literarischen Figur einen Tagebucheintrag schreibst, versetzt du dich in die Figur. Überlege: Was hat die Figur **erlebt?** Was hat die Figur **gedacht** und **gefühlt?** Was hat die Figur möglicherweise aus dem Vorfall **gelernt?** Welche Schlüsse zieht sie? Schreibe in der **Ich-Form.**

●●○ **1** **Wie hat Kais älterer Bruder Benny die Ereignisse erlebt?**

a **Lies die Strophen 6 bis 11 noch einmal ganz genau.**

b **In den Strophen 6 und 9 trägt Benny ganz entscheidend dazu bei, dass die Fahrt in den Urlaub doch noch ein gutes Ende nimmt. Notiere, was Benny jeweils auffällt.**

Strophe 6: ______________________________

Strophe 9: ______________________________

c **Fasse in einem Satz zusammen, wie sich Benny in den Strophen 8 und 9 fühlt.**

____

____

●●○ **2** **Beschreibe Bennys Gefühle und Gedanken für den Hauptteil eines Tagebucheintrags nun genauer. Du kannst die folgenden Formulierungsbausteine in deinem Heft ergänzen.**

Formulierungsbausteine

Mir schoss durch den Kopf: Was, wenn … •
Meine Angst wuchs von Sekunde zu Sekunde. Es ist mir fast ein bisschen peinlich, aber … •
Als ich Kai dann in diesem Polizeiwagen sah, war ich …

●●○ **3** **Welche Schlüsse könnte Benny am Ende seines Tagebucheintrags aus dem Vorfall ziehen? Notiere Stichworte.**

____

____

●●○ **4** **Verfasse aus Bennys Sicht einen kompletten Tagebucheintrag zu den Ereignissen. Greife dabei auf deine Vorarbeiten aus den Aufgaben 1 bis 3 zurück und nutze den folgenden Anfang.**

Amalfi, den 23.08.20XX

Liebes Tagebuch,
eigentlich sind Fahrten in den Urlaub ja langweilig und ziehen sich endlos hin. Heute aber war das leider völlig anders! Wir waren nach einem kurzen Stopp auf einer Autobahnraststätte gerade wieder losgefahren, als ich mit einem riesigen Schreck bemerkte, …

Stärken stärken: Eine Erzählung zu einer Ballade schreiben

Information **Eine Erzählung zu einer Ballade schreiben**

Um eine **spannende Erzählung** zu einer Ballade zu schreiben, befolge folgende Schritte:

- Erschließe dir zunächst den **Inhalt:** Lies die Ballade genau, kläre unklare Begriffe, markiere wichtige Textstellen (Schlüsselwörter) und beantworte W-Fragen (Wer? Wo? Wann? Was?).
- Erstelle dann einen **Schreibplan:** Halte alle wichtigen Handlungsschritte in Stichpunkten fest: Welche Angaben kannst du übernehmen? Welche Angaben musst du verändern oder dazuerfinden? Versetze dich in die Figuren, notiere ihre Eigenschaften und Gefühle.
- Denke **beim Schreiben** an die **Merkmale des Erzählens:** Verwende einen abwechslungsreichen Satzbau, anschauliche Adjektive, treffende Verben, sprachliche Bilder, wörtliche Rede und als Zeitform das Präteritum.
  - Die **Einleitung** führt zum Geschehen hin, beantwortet die W-Fragen, verrät aber nicht zu viel.
  - Der **Hauptteil** stellt die Geschichte ausführlich und anschaulich mit eigenen Worten dar.
  - Der **Schluss** rundet das Geschehen ab oder gibt einen Ausblick.

Johann Wolfgang Goethe

Johanna Sebus

Zum Andenken der siebzehnjährigen Schönen, Guten aus dem Dorfe Brienen[1], die am 13. Januar 1809 bei dem Eisgange des Rheins und dem großen Bruche des Dammes von Cleverham, Hilfe reichend, unterging.

Der Damm zerreißt, das Feld erbraust,
Die Fluten spülen, die Fläche saust.
„Ich trage dich, Mutter, durch die Flut,
Noch reicht sie nicht hoch, ich wate gut."
„Auch uns bedenke, bedrängt wie wir sind,
Die Hausgenossin, drei arme Kind!
Die schwache Frau! ... Du gehst davon!" –
Sie trägt die Mutter durchs Wasser schon.
„Zum Bühle[2] da rettet euch! Harret[3] derweil;
Gleich kehr ich zurück, uns allen ist Heil.
Zum Bühl ist's noch trocken und wenige Schritt';
Doch nehmt auch mir meine Ziege mit!"

Der Damm zerschmilzt, das Feld erbraust,
Die Fluten wühlen, die Fläche saust.
Sie setzt die Mutter auf sichres Land,
Schön Suschen[4], gleich wieder zur Flut gewandt.
„Wohin? Wohin? Die Breite schwoll,
Des Wassers ist hüben und drüben voll.
Verwegen ins Tiefe willst du hinein!" –
„Sie sollen und müssen gerettet sein!"

Der Damm verschwindet, die Welle braust,
Eine Meereswoge, sie schwankt und saust.
Schön Suschen schreitet gewohnten Steg,
Umströmt auch gleitet sie nicht vom Weg,
Erreicht den Bühl und die Nachbarin;
Doch der und den Kindern kein Gewinn!

Der Damm verschwand, ein Meer erbraust's,
Den kleinen Hügel im Kreis umsaust's.
Da gähnet und wirbelt der schäumende Schlund
Und ziehet die Frau mit den Kindern zu Grund;
Das Horn der Ziege fasst das ein',
So sollten sie alle verloren sein!
Schön Suschen steht noch strack und gut:
Wer rettet das junge, das edelste Blut!
Schön Suschen steht noch wie ein Stern;
Doch alle Werber sind alle fern.
Rings um sie her ist Wasserbahn,
Kein Schifflein schwimmet zu ihr heran.
Noch einmal blickt sie zum Himmel hinauf,
Da nehmen die schmeichelnden Fluten sie auf.

Kein Damm, kein Feld! Nur hier und dort
Bezeichnet ein Baum, ein Turm den Ort.
Bedeckt ist alles mit Wasserschwall;
Doch Suschens Bild schwebt überall. –
Das Wasser sinkt, das Land erscheint,
Und überall wird schön Suschen beweint. –
Und dem sei, wer's nicht singt und sagt,
Im Leben und Tod nicht nachgefragt!

1 Brienen: heute Stadtteil von Kleve am Niederrhein
2 Bühl: Hügel
3 harren: warten
4 Suschen: Im Gedicht nennt Goethe, vielleicht aus Gründen des Reims, Johanna Sebus so.

●●● 1 Lies die Ballade – am besten zweimal – und überlege, was geschah. Kreuze die richtigen Antworten an.

A ☐ Eine junge Frau und ihre zwei Kinder kamen im Rheinhochwasser bei Brienen um.

B ☐ Ein Mädchen wurde beim Versuch, Menschen aus dem Hochwasser ans sichere Land zu bringen, selbst in den Tod gerissen.

C ☐ Mehrere Menschen konnten sich dank Johanna Sebus' Hilfe vor dem Hochwasser in Sicherheit bringen.

D ☐ Johanna Sebus rettete ihre Mutter vor dem Hochwasser und ertrank bei dem Versuch, weitere Menschen aus dem Wasser zu holen.

E ☐ Ein Mädchen konnte fünf Menschen vor dem reißenden Hochwasser des Rheins bewahren.

F ☐ Das Rheinhochwasser brachte Leid und Tod über die Menschen.

●●● 2 Füge die Antworten auf die W-Fragen ein. Du kannst dazu auch die Einleitung, die Goethe selbst geschrieben hat, verwenden.

Was? Geschehen

Johanna Sebus ertrank beim Versuch, ____________________

Wer? Figuren

____

____

Wo? Ort des Unglücks

____

____

Wann? Jahr, Datum

____

____

____

Wie? Ablauf des Geschehens

Das Wasser stieg und riss

Suschen und die Frau mit

den Kindern in den Tod.

Warum ist das Unglück geschehen?

____

●●● 3 Ordne die Handlungsschritte der Ballade, indem du die Ziffern 1 bis 5 davorsetzt und sie in der richtigen Reihenfolge in dein Heft schreibst.

A ☐ Das reißende Wasser zog zuerst die Nachbarin und ihre Kinder in die Tiefe, dann auch das Mädchen.

B ☐ Das Mädchen trug seine Mutter sicher durch das Hochwasser ans Ufer.

C ☐ Als die Wassermassen sanken, beweinte jeder das tapfere Mädchen.

D ☐ Suschen kehrte gleich um, da sie auch die Nachbarn retten wollte.

E ☐ Sie erreichte noch sicher die um Hilfe rufenden Menschen.

4 **Du sollst zu der Ballade eine spannende Erzählung schreiben. Gehe dabei Schritt für Schritt vor.**

a **Beobachte anhand der Schilderung des Wassers und des Damms in den fünf Strophen, wie die Spannung steigt. Ergänze Notizen zu den Strophen 2, 3 und 5.**

Strophe 5: ____________________

Strophe 4: *Der Damm war weg, das Wasser brauste um den Hügel.*

Strophe 3: ____________________

Strophe 2: ____________________

Strophe 1: *Der Damm bekam einen Riss, Wasser floss auf die Felder.*

____

b **Notiere, in welcher Strophe der Höhepunkt der Ballade zu finden ist:** *Strophe* ____, *Zeilen* ____________

c **Verwende in deiner Erzählung anschauliche Adjektive, Partizipien und Verben. Stelle für jede Gruppe sieben Wörter aus dem Silbenrätsel zusammen. Die unterstrichene Silbe ist jeweils ein Wortanfang.**

Adjektive und Partizipien

angst • fle • felt • fer • furcht • gen • hend • hilf • los • los • tap • ver • ver • voll • we • zwei

Verben

an • be • brau • flu • ken • len • nen • rei • ret • schwel • sen • sin • ßen • ten • ten • über • um • ver • weg • wei

d **Wörtliche Rede lässt den Text lebendig wirken. Notiere, zu welcher Strophe folgende Sätze passen, und setze die passenden Satzzeichen.**

	Strophe
Die Kinder fest an sich gepresst schrie die Frau immer wieder Hilfe das Wasser steigt holt uns hier weg	
Ich komme übertönte das Mädchen laut das Brausen des Wassers gleich bin ich bei euch	
Ihre Mutter konnte sie noch an Land bringen doch bei der Rettung der Nachbarin und ihrer Kinder ist sie ertrunken erzählten sich die Menschen im Dorf	

e **Gib den Dialog zwischen Mutter und Suschen (▶ Z. 17–20) in eigenen Worten in deinem Heft wieder. Gestalte die Redebegleitsätze anschaulich, damit die Gefühle der Figuren deutlich werden.**

5 **Schreibe nun mit Hilfe deiner Vorarbeiten die komplette Erzählung in dein Heft. Wenn du unsicher bist, lies noch einmal den Informationskasten auf Seite 9.**

Teste dich!

Zu einer Ballade schreiben

**1 Eine Ballade enthält Merkmale des Gedichts (Lyrik), der Erzählung (Epik) und des Theaterstücks (Dramatik). Ordne die passenden Merkmale den folgenden Aussagen über die „Autobahnballade" zu:
e = episch (erzählend), d = dramatisch (mit sprechenden Figuren wie im Theater),
l = lyrisch (in Gedichtform). (6. P)**

A ☐ Die Ballade ist in Strophen verfasst.

B ☐ Es wird eine Geschichte erzählt.

C ☐ Die „Autobahnballade" enthält Dialoge.

D ☐ Man kann Handlungsschritte erkennen.

E ☐ Die Figuren meistern eine dramatische Situation.

F ☐ Jeweils zwei Zeilen reimen sich.

2 W-Fragen helfen dir helfen dir dabei, eine Ballade zu erschließen. Notiere in den Kreisen die passenden W-Fragen für die Figuren, den Ort, die Zeit und das Geschehen. (4 P.)

W-Fragen

3 Kreuze an. (1 P.)

Wenn ich aus der Sicht einer Figur einen Brief oder Tagebucheintrag verfasse, schreibe ich in der ...

☐ Er-Form ☐ Ich-Form

4 Welche Zeitformen verwendest du in einem Tagebucheintrag oder einem Brief? Ordne die Zeitformen richtig zu, indem du Verbindungslinien ziehst. (3 P.)

Ich schreibe über etwas, das mich gerade bewegt	Präteritum
Ich schreibe über ein vergangenes Ereignis.	Plusquamperfekt
Ich schreibe über etwas, das in der Vorvergangenheit passiert ist.	Präsens

5 Korrigiere den folgenden Satz aus einem Brief, den Kai an seine Großeltern schreibt. Schreibe auf die Linien. (3 P.)

Die Familie ist auf dem Weg in den Süden, nach Amalfi, als das Unglück geschieht.

Vergleiche deine Ergebnisse mit dem Lösungsheft. Für jede richtige Antwort erhältst du einen Punkt.

☺ 17–14 Punkte	☺ 13–9 Punkte	☹ 8–0 Punkte
Gut gemacht!	Gar nicht schlecht, aber lies dir die Merkkästen auf den Seiten 4 bis 8 noch einmal genau durch.	Arbeite die Seiten dieses Kapitels noch einmal sorgfältig durch.

Beschreiben

Eine Person beschreiben

Information **Schreibplan für eine Personenbeschreibung**

Aufbau:
- Mache in der **Einleitung** allgemeine Angaben zur Person (z. B. Geschlecht, Alter, Nationalität).
- Beschreibe im **Hauptteil** das Aussehen der Person in einer geordneten Reihenfolge, von oben (z. B. Kopf, Haare, Gesicht) nach unten (z. B. Kleidung, Körperbau, Körperhaltung, Schuhe).
- Beschreibe am **Schluss,** wie die Person auf dich wirkt.

Schreibe im **Präsens** und formuliere in **sachlicher Sprache.**
Eine Personenbeschreibung kann Aufgabe einer Klassenarbeit sein.

1 **Schau dir das Foto dieses indischen Jungen genau an.**

2 **Im Mittelpunkt einer Personenbeschreibung steht häufig die Beschreibung des Gesichts. Beschreibe das Gesicht des Jungen oben mit Hilfe des folgenden Wortmaterials. Wähle dafür passende Formulierungen aus. Arbeite in deinem Heft.**

Ein Gesicht beschreiben
Du kannst das Wortmaterial auf dieser Seite auch für andere Personenbeschreibungen nutzen. Besonders die **aussagekräftigen Adjektive** solltest du dir einprägen.

Kinn: Doppelkinn, vorspringend, zurückweichend, markant, spitz, breit, rund, eckig, Grübchen

Gesichtsform: länglich, oval, kantig, schmal, rund

Stirn: flach, (leicht) gewölbt, hoch, niedrig, kantig

Wangen: eingefallen, hohlwangig, voll, Pausbacken, gerötet, Grübchen

Mund: schmale/volle Lippen, klein, breit, geöffnet/geschlossen, geschminkt, lächelt

Haare/Frisur: Kurzhaarfrisur, dünn, langes Haar, von der Sonne ausgebleicht, ergraut, kinnlang, tiefschwarz, glänzend/stumpf, zerzaust, gewellt, kräftig, fein, nach hinten gekämmt, hoher Haaransatz, zusammengebunden

Zähne: gleichmäßig, spitze Eckzähne, strahlend weiß, verfault, Lücke, abgebrochen

Nase: Adlernase, Stupsnase, spitz, kurz, schmal, breit

Haut: faltig, Lachfalten, glatt, runzlig, pickelig, gerötet, gebräunt

Augen: dunkel, blau, eng beieinander/weit auseinanderstehend, tiefliegend, mandelförmig, offen, blinzelnd, Blick nach unten

Augenbrauen: schmal, buschig, dunkel, geschwungen, gezupft

Stärken stärken: Eine Person beschreiben

●○○ 1 **Schau dir das Bild der indischen Studentin Rao an.**
Fülle anschließend den kurzen Steckbrief neben dem Foto aus.
In einigen Fällen musst du schätzen.

Name: ______________________________

Geschlecht: ______________________________

Alter: ______________________________

Größe: ______________________________

Figur: ______________________________

Nationalität: ______________________________

Tätigkeit/Beruf: ______________________________

●○○ 2 **Wo hält sich Rao auf dem Foto auf?**
Kreuze an.

- ☐ in der Aula
- ☐ in der Cafeteria
- ☐ in der Bibliothek

●○○ 3 **Beschreibe Raos Gesicht mit Hilfe des Wortmaterials auf Seite 13.**
Arbeite im Heft.

●○○ 4 **Formuliere für den Schluss deiner Personenbeschreibung, wie Rao auf dich wirkt.**
Wähle dazu zwei oder drei geeignete Wörter aus dem folgenden Wortmaterial.
Arbeite im Heft.

Wortspeicher

klug • freundlich • entspannt • neugierig • wütend • unglücklich • zielstrebig • weltoffen • modisch

●○○ 5 **Schreibe nun auf Grundlage deiner Vorarbeiten eine vollständige Personenbeschreibung in dein Heft.**
Gehe so vor:
- **Übernimm die folgende Einleitung.**

Das Foto zeigt die etwa fünfundzwanzigjährige indische Studentin Rao.
Sie steht vor den vollen Regalen der Universätsbibliothek und lächelt in die Kamera …

- **Beschreibe Rao anschließend im Hauptteil.**
Beginne mit Kopf und Gesicht, beschreibe dann Kleidung und Schmuck sowie ihre Tätigkeit.
- **Schreibe zum Schluss, wie Rao auf dich wirkt.**

Stärken stärken: Eine Person beschreiben

1 Schau dir das Bild der indischen Teepflückerin genau an. Fülle anschließend die Zeilen neben dem Foto aus.

Geschlecht/Alter: ____________________

Größe: ____________________

Figur: ____________________

Nationalität: ____________________

Tätigkeit/Beruf: ____________________

Hintergrund/Aufenthaltsort: ____________________

2 Betrachte das Gesicht der Teepflückerin genau.
Markiere dann im Wortmaterial auf Seite 13 passende Formulierungen.

3 Der folgende Informationstext über die traditionelle Kleidung von Landarbeiterinnen wirkt eintönig, weil das Verb „haben" wiederholt vorkommt. Formuliere ihn um und schreibe ihn verbessert ins Heft: Die Verben unter dem Text helfen dir dabei.

Verwende an Stelle der Wörter „ist", „sind", „hat" und „haben" **treffende Verben**, z. B.: *tragen, aussehen, besitzen, aufweisen, wirken, umgeben.*

Traditionelle indische Arbeitskleidung

In Indien haben Landarbeiterinnen häufig eine schlichte Bluse mit langen Ärmeln aus strapazierfähiger Baumwolle an. Dazu haben sie bunte lange Röcke oder Kleider. An den Füßen haben sie einfache Stoffschuhe oder Strohsandalen. Um Kopf und Gesicht vor der Sonne oder vor Regen zu schützen, haben sie als Kopfbedeckung einfache Tücher. Teepflückerinnen haben einen Korb für die geernteten Teeblätter an einem Trageriemen, der oft über den Oberkopf läuft.

Wortspeicher

stecken in ... • hängen über ... • bedecken mit ... • bestehen aus ... • tragen • aufweisen ...

4 Gehe zum Schluss deiner Beschreibung darauf ein, wie die Teepflückerin auf dich wirkt. Wähle geeignete Adjektive und/oder Partizipien aus dem Wortspeicher und schreibe in dein Heft. Du könntest so beginnen:
Obwohl die Teepflückerin einen schweren Korb trägt, macht sie auf mich ...

Wortspeicher

entspannt • gestresst • zufrieden • freundlich • würdevoll • müde • frisch

5 Arbeite eine vollständige Personenbeschreibung aus: Schreibe den folgenden Anfang in dein Heft und setze ihn mit Hilfe deiner Vorarbeiten fort.

Auf dem Foto ist eine indische Teepflückerin mittleren Alters (etwa fünfunddreißig Jahre alt) abgebildet. – Einleitung

Sie steht zwischen zwei Reihen von hüfthohen, dunkelgrünen Büschen in einer Teeplantage. Mit beiden Händen ... – Hauptteil

Im Hauptteil wird die Person detailliert beschrieben, entweder von oben nach unten oder ausgehend vom Gesamteindruck hin zu Einzelheiten.

Stärken stärken: Ein Bild beschreiben

Information **Schreibplan für eine Bildbeschreibung**

Aufbau:
- In der **Einleitung** informierst du über den Titel, die Künstlerin / den Künstler (sofern bekannt), die Entstehungszeit, die Technik (z. B. Aquarell / Öl auf Leinwand / Holz), das Format (Hochformat oder Querformat) sowie über den Gegenstand des Bildes.
- Im **Hauptteil** beschreibst du genau, was du siehst. Gehe vom **Gesamteindruck** des Bildes oder vom **Hauptmotiv** aus (Was ist abgebildet?). Erwähne dann die **Einzelheiten.** Gehe geordnet vor, z. B.: von der linken zur rechten Bildhälfte, von oben nach unten oder von vorn (Vordergrund) über die Mitte (Mittelgrund) nach hinten (Hintergrund). Beschreibe die **Farbgestaltung** (Welche Farben? Helle oder dunkle Farbtöne?) und eventuell auch die Formen oder Flächen (z. B. rund, eckig, weich) genau.
- Am **Schluss** gibst du wieder, wie das Bild insgesamt auf dich wirkt.

Schreibe im **Präsens** und formuliere in **sachlicher Sprache.**

1 **Untersuche den Aufbau des Bildes und notiere: Wo befindet sich was?**

Frau mit Kind beim Wasserholen (ungefähr 1750), unbekannter Maler. Wasserfarbe (Gouache)

Hintergrund: ______

Mittelgrund: ______

Vordergrund: *Frau (traditionell gekleidet), Kleinkind in ihrem Arm, schöpft Wasser aus einem Fluss*

2 **a** **Benenne die Farben im Bild. Markiere passende Farbadjektive unten.**
b **Beschreibe dann die Farbgebung des Bildes zusammenfassend. Wie wirkt sie auf dich?**

Die Farbgebung des Bildes wirkt ______

Grüntöne: hellgrün, flaschengrün, gelbgrün, blaugrün, dunkelgrün, schwarzgrün, leuchtend grün, blassgrün, tannengrün, lindgrün

Rottöne: rot, rotbraun, hellrot, rosa, blassrosa, orangefarben

Gelb-/Brauntöne: rostbraun, dunkelbraun, hellbraun, beigefarben, sandfarben, ocker, honiggelb, hellgelb, fleischfarben

Blautöne: zartlila, blassblau, mittelblau, lavendelfarben, graublau, dunkelblau, blaugrün, nachtblau, türkis

3 **Arbeite eine vollständige Beschreibung des Bildes „Frau mit Kind beim Wasserholen" aus. Berücksichtige dabei deine Vorarbeiten.**
Hinweis: Achte auf den Aufbau (▶ Informationskasten oben).

Verwende **treffende Verben**: *zeigen, abbilden, besitzen ...*

Teste dich!

Eine Person beschreiben

1 **a** **Beschreibe den unten abgebildeten Kamelhirten. Setze dazu die Adjektive und Partizipien aus dem Wortspeicher richtig ein. (18 P.)**

b **Lege eine Reihenfolge der Angaben fest und trage sie in die Kästchen ein. (9 P.)**

Wortspeicher

indische • linken • hochgekrempelten • großen • ernsten • markanter • weißen • rechten • schwarzer • weiten • breiter • grauen • längliche • silberne • harten • glitzernde • dünnen • orangefarbenen

Bekleidet ist er mit einem ? Hemd mit ? Ärmeln. ____

Am ? Handgelenk trägt er eine ? ? Uhr. ____

Ein ? ? Schnurrbart ziert das ? Gesicht. ____

Um den Hals schlingt sich ein ? Schal mit ? Streifen. ____

Zum Führen der Kamele hält er einen ? Stock in der ? Hand. ____

Seine Beine sind mit einer ? Leinenhose bekleidet. ____

Er hat einen ? , ? Gesichtsausdruck. ____

Unter dem ? Turban sind seine ? Ohren zu erkennen. ____

Der ? Kamelhirte ist schätzungsweise 40 bis 50 Jahre alt. ____

2 **In Monas Beschreibung überwiegen „haben" und „sein". Ersetze sie durch abwechslungsreiche Verben. (6 P.)**

VORSICHT FEHLER!

Im Folgenden beschreibe ich einen unbekannten indischen Kamelhirten. Der ungefähr 50-jährige Mann, der gerade bei der Arbeit ist ______________________, hat ______________________ keinen freudigen Gesichtsausdruck. Auf dem Kopf hat ______________________ er einen leuchtend orangefarbenen Turban. Durch die eingefallenen Wangen mit den tiefen Falten ist ______________________ sein Gesicht ernst und hart. Er hat ______________________ helle Kleidung, die ihn vor der Hitze schützt. Aufgrund der auszehrenden Arbeit ist ______________________ der Mann früh gealtert.

Vergleiche deine Ergebnisse mit dem Lösungsheft. Für jede richtige Antwort erhältst du einen Punkt.

☺ 33–28 Punkte	☺ 27–15 Punkte	☹ 14–0 Punkte
Gut gemacht!	Gar nicht schlecht, aber lies dir den Merkkasten auf Seite 13 noch einmal genau durch.	Arbeite die Seiten dieses Kapitels noch einmal sorgfältig durch.

Schriftlich argumentieren

Information **Argumentieren**

Um andere von dem eigenen Standpunkt zu überzeugen, muss man seine Meinung umfassend darlegen. Das nennt man **argumentieren.** Beim Argumentieren stellt man eine **Behauptung** (These) auf, die man dann durch sachliche **Begründungen** stützt. Diese müssen sich immer genau auf die Behauptung beziehen. Treffende **Beispiele** tragen zusätzlich zur Veranschaulichung einer Begründung bei.

1 **Die Klasse 7b möchte die traditionell im Herbst stattfindende Fahrt ins Naturfreundehaus durch eine Fahrt ins Skilandheim im Winter ersetzen. Bei dieser könnten die Schülerinnen und Schüler verschiedene Wintersportarten ausprobieren. Kreuze unten alle sachlichen Aussagen an.**

A ☐ Wandern ist doof.
B ☐ Außer Skifahren gibt es noch viele andere Wintersportarten.
C ☐ Eine gemeinsame Wintersportwoche stärkt die Gemeinschaft.
D ☐ Immer nur Pflanzen zu untersuchen macht keinem Spaß.
E ☐ Wintersport kann sehr vielfältig sein und viele Neigungen ansprechen.
F ☐ Beim Wandern bilden sich die gleichen Gruppen wie in der Schule.

2 **Ordne folgenden Behauptungen passende Begründungen zu. Verbinde sie durch eine Linie.**

Behauptungen	Begründungen
1 Viele Jugendliche verbringen im Winter wenig Zeit im Freien.	A Naturfreundehäuser gibt es fast überall in der Nähe.
2 Schüler können genauso gut mit ihren Eltern wandern gehen.	B Sie kennen kaum Sportarten, die man bei kaltem Wetter draußen ausüben kann.
3 Viele Schüler lernen niemals Wintersportarten kennen.	C Die Sportarten haben ganz andere Bewegungsabläufe als die meisten Schulsportarten.
4 Wintersportarten sprechen auch Schüler an, die schwach sind im Schulsport.	D Die Winter werden immer milder und Schnee gibt es fast nur noch in alpinen Lagen.
5 Am eigenen Wohnort hat man selten die Möglichkeit, Wintersport auszuüben.	E Viele Eltern können selbst nicht Ski fahren, und es ist ihnen auch zu teuer.

3 **Verbinde in deinem Heft die Behauptungen und Begründungen aus Aufgabe 2 jeweils zu vollständigen Argumenten und ergänze jeweils ein unterstützendes Beispiel. Verwende Wörter aus dem Tipp unten, z. B.:**

Viele Jugendliche verbringen im Winter kaum Zeit im Freien, ***weil*** *sie kaum Sportarten kennen, die man bei kaltem Wetter draußen ausüben kann. Meine Freunde* ***zum Beispiel*** *...*

Verknüpfungen formulieren
- zwischen Behauptung und Begründung: *weil, da, deshalb, deswegen, denn, indem, so, sodass*
- zur Anbindung des Beispiels: *beispielsweise, zum Beispiel, etwa*
- zur Anknüpfung eines weiteren Arguments: *außerdem, auch, zudem, überdies, zuletzt, am wichtigsten*

Stärken stärken: In einem Brief an die Schulleitung argumentieren

1 **Du bist Klassensprecherin der 7 b und willst euren Schulleiter in einem Brief von der Wintersportwoche (▸ S. 18) überzeugen. Im folgenden Auszug aus dem Hauptteil eines Schülerbriefs findest du entsprechende Argumente. Markiere Behauptungen grün, Begründungen blau und Beispiele orangefarben.**

An einer Klassenfahrt sollten alle Schüler teilnehmen, denn sie stärkt die Klassengemeinschaft. Das hat zum Beispiel letztes Jahr unser Ausflug in den Kletterpark bewiesen. Jn unserer Klasse wollen aber etliche Schüler aus verschiedenen Gründen nicht ins Naturfreundehaus mitfahren. Bei einer Wintersportwoche würden dagegen alle gerne teilnehmen.

Eine Wintersportwoche bietet die Gelegenheit, verschiedene interessante Wintersportarten kennen zu lernen, weil man im Gegensatz zum Aufenthalt im Naturfreundehaus nicht nur wandert oder die üblichen Spiele macht. Man kann zum Beispiel Skilanglauf, Eislauf, Eisstockschießen, aber auch Rodeln oder Schneeschuhwandern ausprobieren.

2 **a Gehe in deinem Brief auch auf den Adressaten ein. Führe z. B. einen Einwand an, den die Schulleitung gegen euren Vorschlag haben könnte. Notiere ihn in Stichpunkten.**

b Wie könntest du den Einwand entkräften? Notiere einen Gegenvorschlag.

Einwände entkräften
Sicher kann man einwenden, dass ... – Dennoch sind wir der Meinung ...

Obwohl ..., – gleichzeitig muss man berücksichtigen, dass ...

Es ist richtig, dass ... – Es darf aber nicht übersehen werden, dass ...

3 Schreibe nun den zusammenhängenden Brief.
Beachte dabei folgende Punkte:
- Formuliere eine Betreffzeile und eine angemessene Anrede, z. B.: *Sehr geehrter ...*
- Benenne in der Einleitung dein Anliegen sachlich und so genau wie möglich.
- Führe im Hauptteil deine Argumente an und gehe auch auf einen Einwand (▸ Aufgabe 2) ein.
- Bringe dein Anliegen zum Schluss noch einmal auf den Punkt.
- Beende deinen Brief mit einer Grußformel, z. B. *Mit freundlichen Grüßen* und Unterschrift.

Stärken stärken: In einem Leserbrief argumentieren

Information **In einem Leserbrief Stellung nehmen**

In einem Leserbrief nimmst du persönlich Stellung zu einem Thema oder einem Artikel aus einer Zeitung, Zeitschrift oder einem Internetbeitrag.

- **Einleitung:** Hier nennst du kurz den Anlass deines Leserbriefs. Dann formulierst du deine Meinung zum Thema.
- **Hauptteil:** Du begründest deine Meinung mit Argumenten: Äußere Behauptungen und stütze sie mit Begründungen und Beispielen. Verknüpfe deine einzelnen Argumente gut miteinander. So entsteht eine Argumentationskette und deine Meinung wird nachvollziehbar.
- **Schluss:** Fasse deinen Standpunkt noch einmal gut zusammen und formuliere einen Appell.

Benimm-Unterricht – Unbedingt!

Ein Kommentar von Peter Müller, Karlsruher Echo vom 3. Juni 20XX

Verhaltensweisen wie Höflichkeit, Pünktlichkeit und andere gute Manieren kommen im Schulalltag zu kurz oder werden von den Schülerinnen und Schülern zu wenig beachtet. Das Thema hat seine Berechtigung im Schulunterricht aber auch, weil von Seiten der Industrie immer häufiger beklagt wird, dass es Bewerbern an wichtigen Voraussetzungen für eine Berufsausbildung fehlt. Hierzu zählt z. B. nicht nur Teamfähigkeit, sondern auch Pünktlichkeit, Disziplin, das Grüßen von Personen oder ein gepflegter Sprachgebrauch. Ein Lehrer berichtet beispielsweise von einem Schüler, der ständig seine Kappe auf dem Kopf trägt und Kaugummi kaut. Bei einem Bewerbungstermin könnten dies bereits Kriterien für eine Ablehnung sein. Ein weiteres Beispiel ist eine Schülerin, die als Hobbys Telefonieren und Chatten angibt und ständig „voll krass“ in ihren Sätzen benutzt.

●●○ **1** **Benenne das Thema des Zeitungsartikels:** ______________________________

●●○ **2** **Markiere im Artikel farbig: die Behauptung (grün), die Begründungen (blau) und die Beispiele (orange).**

●●○ **3** **Unterstreiche in der folgenden Materialkiste verschiedenfarbig, was für und was gegen Benimm-Unterricht spricht.**

Materialkiste

Benehmen lernt man zuhause. • Gesellschaftliche Probleme dürfen nicht auf Lehrer abgewälzt werden. • Aufgabe des Elternhauses • Eltern benehmen sich oft auch nicht richtig. • Man kann nicht seine eigenen Wertevorstellungen allen überstülpen. • Gutes Benehmen hat noch niemandem geschadet. • Man sollte keine Lernzeit verschwenden. • „Aller Anstand ist schwer!“ • Die Förderung guter Manieren ist wünschenswert.

●●○ **4** **Entscheide dich für oder gegen Benimm-Unterricht und vertrete deinen Standpunkt in einem Leserbrief. Halte dich dabei an die Vorgaben im Informationskasten oben und beginne so:**

Sehr geehrte Damen und Herren,
Peter Müller vertritt in seinem Kommentar „...“ vom 3. Juni 20XX den Standpunkt, dass ...
Im Gegensatz zum Verfasser / Genau wie der Verfasser bin ich der Überzeugung, dass ...

Stärken stärken: In einem Forumsbeitrag argumentieren

In einem Internetforum findet sich die folgende Behauptung:

Jolina

Für Schülerinnen und Schüler ist es ganz bestimmt gut, wenn sie für soziale Netzwerke einen Verhaltensführerschein machen.

Dazu gibt es die folgenden Stellungnahmen:

Bodo

Ja! Denn es gibt zu viele, die von sich zu viel offenbaren und daher angreifbar sind. Selbst Arbeitgeber schauen ins Internet, wenn sie neue Bewerber einladen. Sind dann peinliche Dinge zu finden, werden sie nicht genommen.

Wanda

Nein! Wozu sind denn Eltern da? Kinder sollten von ihren Eltern lernen, dass sie persönliche Daten niemals preisgeben dürfen. Wie im Leben sollten sie auch im Netz nicht fluchen und drohen. Oder brauchen Eltern einen solchen Führerschein?

●●● 1 a **Lies die beiden Stellungnahmen aufmerksam durch.**
b **Markiere in unterschiedlichen Farben die Begründung und das Beispiel.**

●●● 2 **Für oder gegen einen Verhaltensführerschein? Lege eine Liste mit weiteren Begründungen und Beispielen für deine Meinung an.**

____

____

____

●●● 3 **Formuliere einen möglichen Einwand zu deiner Meinung und entkräfte ihn.**

____

____

____

●●● 4 **Formuliere in deinem Heft einen eigenen Forumsbeitrag. Beachte die Checkliste.**

Checkliste

Argumentieren – Einen Forumsbeitrag schreiben ☺ ☹

- **Meinung:** Formulierst du deutlich deinen Standpunkt? ☐ ☐
- **Argumente:** Formulierst du vollständige Argumente (Behauptung, Begründung, Beispiel)? ☐ ☐
- **Auf einen anderen Forumsbeitrag eingehen:**
  Bist du auf den anderen Forumsbeitrag eingegangen? ☐ ☐
  Hast du diesen Beitrag z. B. überzeugend entkräftet? ☐ ☐
- **Schluss:** Fasst du am Ende deine Meinung zusammen? ☐ ☐
  Oder machst du einen Vorschlag (z. B. Kompromiss)? ☐ ☐

Tipp: Ihr wollt euch in einem Forum anmelden? Verwendet **nie** euren wirklichen Namen als Benutzernamen. Gebt **keine persönlichen Daten** (Adresse, Handynummer) an.

Teste dich!

Schriftlich argumentieren

1 **Die SMV deiner Schule möchte sich für den Gebrauch von Smartphones im Unterricht einsetzen. Kreuze Aussagen an, die sachlich sind. (2 P.)**

A ☐ Lehrer tun so, als würden sie selbst nie ihr Smartphone zum Nachschlagen verwenden.

B ☐ Das Smartphone lässt sich im Unterricht sehr gut zum Nachschlagen verwenden.

C ☐ Es gibt viele Apps, die im Unterricht genutzt werden können.

D ☐ Schüler schleppen ständig sinnlos Schulbücher mit sich herum.

2 **In einem Brief an die Schulleitung spricht sich die SMV für den Einsatz von Smartphones aus. Prüfe im folgenden Auszug, ob die Kriterien aus der Checkliste unten erfüllt sind. (6 P.)**

VORSICHT FEHLER!

Zunächst einmal sparen Smartphones Zeit im Unterricht, denn damit ist ein Klassenwechsel in die meist ausgebuchten Computerräume nicht mehr notwendig. Zum Thema „Afrika“ findet man z.B. alle Informationen per Smartphone im Internet, und diese haben den eindeutigen Vorteil, aktuell zu sein. Smartphones fördern die Leistung jedes Einzelnen, denn jeder kann nach seinem Tempo und seinem Können Informationen nachschlagen. Im Deutschunterricht ist das z.B. sehr sinnvoll. So kann der eine nur die Schreibweise eines Wortes nachschlagen, während ein anderer eine passende Formulierung finden möchte. Das soziale Lernen wird gefördert, weil sich Schüler beim Erledigen einer bestimmten Aufgabe gegenseitig viel besser unterstützen können. Lehrer sparen Kopierkosten und Zeit, indem sie ebenso wie die Schüler wichtige Unterrichtsergebnisse einfach abfotografieren und zu Hause einsehen. Gerade in Gruppenarbeiten gibt es mitunter verschiedene Ergebnisse, die auf diese Weise schnell und günstig festgehalten werden können. Wir meinen, man sollte uns Schülern Vertrauen entgegenbringen und Handys im Unterricht nutzen lassen. Wir schlagen vor, dass SMV und Lehrer eine Arbeitsgruppe bilden, die Regeln für die Nutzung erarbeitet.

Checkliste

Fit fürs schriftliche Argumentieren?

	☺	☹
▪ Im Text sind mindestens drei **Begründungen** aufgeführt.		
▪ Zu jeder Begründung wird ein **Beispiel** angeführt.		
▪ In der **Einleitung** wird dem Adressaten ein Vorschlag präsentiert.		
▪ Alle Argumente werden sprachlich miteinander **verknüpft.**		
▪ Alle Behauptungen werden **sachlich** vorgebracht.		
▪ Zum **Schluss** wird das Anliegen noch einmal deutlich zusammengefasst.		

Vergleiche deine Ergebnisse mit dem Lösungsheft. Für jede richtige Antwort erhältst du einen Punkt.

☺ 8–7 Punkte	☺ 6–3 Punkte	☹ 2–0 Punkte
Gut gemacht!	Gar nicht schlecht, aber lies dir die Merkkästen auf den Seiten 18 bis 20 noch einmal genau durch.	Arbeite die Seiten dieses Kapitels noch einmal sorgfältig durch.

Berichte schreiben und überarbeiten

Information **Schreibplan für einen Bericht**

Ein Bericht informiert **knapp** und **sachlich** über ein vergangenes Ereignis.
Er beschränkt sich auf die wesentlichen Informationen und beantwortet die W-Fragen.

Aufbau:

- In der **Einleitung** informierst du knapp darüber, worum es geht:
  Was geschah? Wann geschah es? Wo geschah es? Wer war beteiligt?
- Im **Hauptteil** stellst du den Ablauf des Ereignisses in der richtigen zeitlichen Reihenfolge dar:
  Wie lief das Ereignis ab? Warum?
  Um die **zeitlichen Abläufe** zu verdeutlichen, verwendest du passende **Satzanfänge** und **Verknüpfungen** (Konjunktionen und Adverbien), z. B.: *Zuerst verlief der Triathlon reibungslos, aber dann* ...
- Am **Schluss** nennst du die Folgen des Ereignisses oder gibst einen Ausblick: *Welche Folgen hatte das Ereignis?*
- Formuliere eine knappe und treffende **Überschrift,** die das Ereignis genau benennt.

Der Bericht steht im **Präteritum.** Verwende das **Plusquamperfekt,** wenn etwas vorher passiert ist.

1 **Die Klasse 7 b der Matern-Feuerbacher-Realschule in Großbottwar veranstaltete am 22. Mai einen Schultriathlon. Dabei kam es zu einem Zwischenfall, bei dem sich der Schüler Max Engel verletzte. Notiere in Stichwörtern, was du auf den einzelnen Bildern erkennen kannst.**

Stärken stärken: Einen Unfallbericht schreiben

●○○ **1** **Die Klassenlehrerin der 7 b, Frau Klump, hat das Unglück nicht selbst gesehen und bittet deshalb die Zeugen, den Unfallhergang möglichst genau wiederzugeben. Unterstreiche alle wesentlichen sachlichen Informationen in den Zeugenaussagen.**

●○○ **2** **Bevor Frau Klump den Unfallbericht verfasst, erstellt sie einen <u>Schreibplan</u> für ihren Bericht. Dazu benötigt sie Informationen zu Einleitung, Hauptteil und Schluss.**

a **Formuliere zwei weitere W-Fragen, die Frau Klump beantworten muss, und trage sie in die Tabelle ein.**

b **Schreibe nun auch die passenden Antworten in die Tabelle.**
Achte darauf, dass du dich im Hauptteil an die zeitliche Abfolge der Ereignisse hältst.

Aufbau	**W-Fragen der Lehrerin**	**Antworten**
Einleitung:	*Was geschah?*	
	Wann geschah es?	*am 22. Mai während des Schulthriathlons*
	W	
	W	
Hauptteil:	*Wie und warum*	
	geschah es?	
Schluss:	*Welche Folgen hatte es?*	

●○○ **3** Schreibe den Unfallbericht nun vollständig in dein Heft.
Lies dazu noch einmal den Informationskasten auf Seite 23 oben.

Stärken stärken: Einen Ereignisbericht schreiben

●●○ **1** **Mache in dem folgenden Anfang eines Ereignisberichts den zeitlichen Ablauf deutlich.**
a **Unterstreiche alle Verben im Präteritum grün, Verben im Plusquamperfekt rot.**
b **Ergänze die passenden Satzanfänge. Der Wortspeicher hilft dir dabei.**

Am 22. Mai fand der jährliche Schultriathlon statt. Ausrichter war dieses Jahr die Klasse 7 b. ______________ der Wettkampf begann, hatte die Polizei die Fahrräder vor dem Schwimmbad überprüft. ______________ alle Radkontrollen abgeschlossen waren, gab Frau Klump den Teilnehmern noch einige Sicherheitshinweise. ______________ ging es an den Start: ______________ 50 m Schwimmen, ______________ 5 km mit dem Rad vom Bad zur Schule und ______________ noch 1 km Laufen im Stadion. ______________ lag Marie beim Schwimmen noch in Führung, ______________ dem Wechsel auf das Rad hatte sie aber bald den Anschluss an die Spitze verloren. Während des Radrennens …

> Wortspeicher
> danach • bevor • nach • nachdem • zuletzt • dann • zunächst • erst

●●○ **2** **Setze den Ereignisbericht aus Aufgabe 1 mit Hilfe der folgenden Informationen fort.**
a **Bringe die Informationen in die richtige Reihenfolge, indem du sie nummerierst.**
b **Formuliere aus den Informationen eine Fortsetzung. Verwende passende Satzanfänge und Verknüpfungen.**

☐ bessere Vorsichtsmaßnahmen: Triathlon nächstes Jahr unfallfrei
☐ Laufduell im Stadion: Stefan gewinnt knapp vor Fritz
☐ keinen Helm getragen: leichte Verletzung am Kopf
☐ Unfall auf der Fahrradetappe: Max Engel kürzt ab und stürzt
☐ Siegerehrung

●●○ **3** **Formuliere eine treffende Überschrift. Denke daran, hier das Ereignis noch einmal genau zu benennen.**

____

Stärken stärken: Einen Zeitungsbericht schreiben

●●● **1** **a** **Am Tag nach dem Triathlon unterhalten sich einige Schülerinnen und Schüler über das Ereignis. Bringe das Geschehen in die zeitliche Abfolge, indem du in jedes Kästchen die passende Nummer schreibst.**

War das eine langweilige Siegerehrung! Die Rektorin hat doch bestimmt eine halbe Stunde ununterbrochen geredet.

☐ Franziska

Ich fand den Triathlon prima! Wer konnte denn ahnen, dass so was passiert? Ich war schon weit vor den beiden. Der Sieg war mir nicht mehr zu nehmen!

☐ Stefan

An der Laufstrecke waren nach dem Unfall kaum noch Zuschauer, alle waren wohl schockiert. Dabei haben sie einen echten Krimi verpasst: Ich habe mir mit Stefan ein Kopf-an-Kopf-Rennen geliefert. Nur knapp musste ich mich auf den letzten Metern geschlagen geben. Nächstes Jahr gibt's die Revanche!

☐ Fritz

Schon vor dem Start haben Max und Moritz groß getönt, sie seien die Schnellsten. Dass Max keinen Helm hatte, das haben sie bei der Sicherheitsüberprüfung aber übersehen. Ich finde, die beiden hätten sich an die Regeln halten sollen, dann wäre nichts passiert.

☐ Steffi

Ich war rasch an der Unfallstelle, da ich direkt hinter den beiden fuhr. Da waren schon Zuschauer, die Erste Hilfe leisteten. Bald danach kam der Notarztwagen und Max wurde versorgt. Moritz war völlig von der Rolle.

☐ Marie

Schon beim Start im Freibad war alles so hektisch. Die großen, kräftigen Schüler haben die kleineren schon auf den ersten Metern im Wasser abgedrängt. Das war wirklich unfair. Ich wurde sogar von Moritz untergetaucht!

☐ Betül

Wir sind alle froh, dass Max keine schweren Verletzungen erlitten hat. Die Wunde über dem Auge sah schlimmer aus, als sie war. Seine Eltern konnten ihn am selben Abend noch nach Hause holen.

☐ Sophie

Den 22. Mai wird Max wohl nicht mehr vergessen. Aber auch für uns wird der Schultriathlon 20XX in Großbottwar ein unvergessliches Erlebnis bleiben.

☐ Lisa

b **Elisa beschließt, für die Schülerzeitung einen Bericht zu verfassen. Unterstreiche in den Äußerungen alle wesentlichen Informationen, die sie für ihren Bericht braucht (Antworten auf die W-Fragen).**

c **Verfasse für Elisa einen sachlichen Bericht, den sie in der nächsten Schülerzeitung veröffentlichen kann. Schreibe in dein Heft. Wenn du unsicher bist, kannst du in der Checkliste auf Seite 27 nachsehen.**

Teste dich!

Einen Bericht schreiben

1 **Im Bericht zum Bottwartal-Marathon ist einiges durcheinandergeraten.**
Bringe die einzelnen Teile in die richtige Reihenfolge. Gehe dazu wie folgt vor:

a Schreibe die W-Fragen neben die passenden Textstellen. (7 P.)
b Unterstreiche die Verben und bestimme die Zeitformen. Was stellst du fest? (4 P.)
c Umkreise alle Satzanfänge und Konjunktionen. (9 P.)
d Nummeriere jetzt die einzelnen Abschnitte des Berichts in der richtigen Reihenfolge. (6 P.)

VORSICHT FEHLER!

Am ersten Sonntag im Oktober ist morgens um 8.00 Uhr das Laufevent gestartet.

Auch die Matern-Feuerbacher-Realschule nahm teil, vertreten durch die Schülerinnen und Schüler Lisa (6 a), Jonas (7 d), Metin (8 c), Eva (9 d) und die Lehrer Herr Glück und Frau Wehrle.

Am Ende erreichte die MFR-Staffel einen hervorragenden 6. Platz. Alle waren sich einig, dass man nächstes Jahr aufs Podium kommen wollte.

Sogar schon vor der offiziellen Preisverleihung steht die erfolgreiche Teilnahme der MFR-Schulstaffel fest.

Im Bottwartal wurde wie jedes Jahr erfolgreich der Jugendmarathon abgehalten.

Das Wetter war sonnig und warm, sodass wieder eine große Zahl an Zuschauern die Läufer an der Strecke anfeuerte. Die Staffel der MFR startete gut, Metin übergab als Zwölfter an Eva. Danach entwickelte sich ein spannendes Rennen. Nachdem Lisa von Frau Wehrle übernommen hatte, zeigten die Läufer ihr ganzes Potenzial. Lisa und Jonas liefen ihre Abschnitte in Rekordzeit.

Checkliste

Fit fürs Berichten?

	☺	☹
▪ Beantwortet der Bericht alle **W-Fragen?**		
▪ Ist das Geschehen in der **zeitlich richtigen Reihenfolge** wiedergegeben?		
▪ Beinhaltet der Bericht nur **das Wesentliche** und ist er ohne Nachfrage verständlich?		
▪ Ist der Bericht **sachlich** formuliert?		
▪ Wurde als Zeitform das **Präteritum** (oder **Plusquamperfekt)** verwendet?		
▪ Sind die **Rechtschreibung** und die **Zeichensetzung** korrekt?		

Vergleiche deine Ergebnisse mit dem Lösungsheft. Für jede richtige Antwort erhältst du einen Punkt.

☺ 26–20 Punkte	😐 19–10 Punkte	☹ 9–0 Punkte
Gut gemacht!	Gar nicht schlecht, aber lies dir den Merkkasten auf der Seite 23 noch einmal genau durch.	Arbeite die Seiten dieses Kapitels noch einmal sorgfältig durch.

Literarische Texte erschließen und zusammenfassen

Einen Jugendbuchauszug erschließen

Auf der Umschlagrückseite des Jugendromans „Das Leben ist kurz, iss den Nachtisch zuerst" von Wendy Mass ist zu lesen:

An dem Tag, an dem Jeremy die rätselhafte Kiste mit der Post bekommt, ändert sich sein Dasein schlagartig. Mit dem Geschenk seines verstorbenen Vaters beginnt eine wilde Jagd nach vier Schlüsseln und dem Sinn des Lebens, die Jeremy quer durch New York führt. Doch was er am Ende findet, ist mehr, als er jemals zu hoffen gewagt hätte ...

Spannend, verrückt und anrührend schön – ein Buch über das, was im Leben wirklich zählt.

1 **Lies die Informationen auf dem Buchumschlag und sieh dir die Illustration zu Wendy Mass' Jugendroman genau an. Stelle Vermutungen an, was mit dem Titel gemeint sein könnte. Schreibe in dein Heft.**

2 **Lies den folgenden Auszug aus dem Romananfang aufmerksam durch. Kläre schwierige Wörter.**

Wendy Mass

Das Leben ist kurz, iss den Nachtisch zuerst

22. Juli

Im Moment sitzt gerade meine beste Freundin Lizzy neben mir und hält sich die Nase zu. Nicht wegen der Erdnussbutter, die stört sie nicht mehr. Der beleidigende Geruch entspringt dieser speziellen Kombination von sumpfigem Boden und verrottendem Fisch, für die der Mosley Lake im Nordwesten von New Jersey berühmt ist.

Wir sind mitten in einem langen, heißen Sommer, und ich, Jeremy Fink, ein Stadtgewächs durch und durch, sitze auf einem großen Felsbrocken mitten im See, der zweifellos stinkt, aber herrlich ruhig ist. Der Himmel ist strahlend blau, ein sanfter Wind weht von Westen her, und hellgrünes Wasser schwappt seitlich gegen das morsche, alte Ruderboot, das uns hierher gebracht hat.

Ich balanciere auf meinen Beinen eine glatt polierte Kassette aus hellem Holz, etwa so groß wie ein Toaster. Auf dem Deckel der Kassette stehen sorgfältig hineingeschnitzt die Worte DER SINN DES LEBENS. Darunter ist in kleinerer Schrift zu lesen: FÜR JEREMY FINK, ZU ÖFFNEN AN SEINEM 13. GEBURTSTAG.

Heute ist mein dreizehnter Geburtstag. Als ich die Kassette vor einem Monat bekam, hätte ich mir nie ausgemalt, dass die Anweisung so unmöglich zu befolgen sein würde.

Lizzy knufft die ganze Zeit meinen Arm und drängelt, ich solle mich beeilen und das tun, weswegen wir hergekommen sind. Ja: Mein bester Freund ist ein Mädchen, und nein: Ich bin nicht heimlich in sie verknallt. Lizzy und ihr Vater sind in die Nachbarwohnung eingezogen, als sie und ich ein Jahr alt waren. Ihre Mutter hatte die Familie verlassen und war in einen der Dakota-Staaten gezogen mit einem Kerl, der auf einer Rinderfarm arbeitete (was erklärt, warum Lizzy Vegetarierin wurde, sobald sie alt genug war, um zu verstehen, was eine Rinderfarm ist). Lizzy blieb also tagsüber bei uns, während ihr Vater aufs Postamt zur Arbeit ging. Meine Mutter hat uns beiden immer direkt nebeneinander die Windeln gewechselt. Nach so etwas kann man keine romantischen Gefühle für jemanden entwickeln.

Unsere Reise zu diesem Felsen hat vor langer Zeit begonnen – noch bevor ich überhaupt auf die Welt kam. Hätte mein Vater seinen dreizehnten Geburtstag Baseball spielend mit seinen Freunden verbringen dürfen, anstatt von seinen Eltern nach Atlantic City verschleppt zu werden, dann säße ich nicht hier, und die Kassette gäbe es nicht. Wer hätte sich je vorgestellt, dass diese beiden Ereignisse miteinander zu tun haben könnten?

Während meine Großmutter vor all den Jahren in einem Laden stand und die echten Atlantic-City-Toffees kaufte, spazierte mein Vater die Strandpromenade entlang und blieb vor einer alten Handleserin hängen. Sie nahm seine klamme Hand und hob sie vor ihr Gesicht. Dann ließ sie seinen Arm auf den samtbezogenen Tisch fallen und sagte: „Du wirrst sterrben, wänn du vierrzik Jahrre alt bisst.“ Meine Großmutter kam noch rechtzeitig dazu, um die Erklärung der Wahrsagerin zu hören, woraufhin sie meinen Vater wegzerrte und die Bezahlung verweigerte. Jedes Mal wenn mein Vater die Geschichte erzählte, lachte er, also lachten wir auch.

Es stellte sich heraus, dass die Prophezeiung der Wahrsagerin falsch war. Mein Vater starb nicht mit vierzig. Er war erst neununddreißig. Ich war gerade acht Jahre alt geworden. Dad muss die Prophezeiung ernster genommen haben, als er nach außen zeigte, denn er hatte sich auf seinen Tod vorbereitet, und diese Kassette ist der Beweis.

„Worauf wartest du?“, kreischt mir Lizzy ins Ohr. Lizzy hat ihre ganz eigene Art zu sprechen. Normalerweise schreit sie. Das liegt zum Teil daran, dass ihr Vater auf einem Ohr taub ist, weil er, als er noch jünger war, zu viele Rockkonzerte besucht hat. Zum Teil liegt es auch daran, dass sie ein bisschen klein geraten ist und das überkompensiert[1].

Ich antworte nicht und sie seufzt. Selbst ihre Seufzer sind laut. Die Ecken der Kassette bohren sich in meine nackten Beine, deshalb setze ich sie auf das Handtuch, das Lizzy auf dem Felsen zwischen uns ausgebreitet hat. Diese Kassette steht für all meine Hoffnungen, all meine Fehlschläge. Bevor ich irgendetwas anderes tue, muss ich noch mal über alles nachdenken, was in diesem Sommer war: der GROSSE FEHLER, der alte Mann, das Buch, die Lampe, das Fernrohr und genau diese Kassette, mit der alles anfing.

Aus dem Vorspann zu Wendy Mass: Das Leben ist kurz, iss den Nachtisch zuerst. Aus dem Amerikanischen von Barbara Küper. cbj-Verlag, München 2009

1 überkompensieren: übermäßig ausgleichen

3 a WER? Unterstreiche die Textstellen farbig, in denen der Leser etwas über Jeremy (gelb) und Lizzy (grün) sowie deren Beziehung zueinander (beide Farben) erfährt. Notiere Stichpunkte zu den Figuren und ihren Eigenschaften.

Jeremy: ______

______

______

______

Lizzy: ______

______

______

______

b Jeremy trägt eine Holzkassette bei sich. Unterstreiche alle Textstellen blau, in denen der Leser etwas über diese Holzkassette erfährt, und notiere auf den Linien, was auf ihrem Deckel steht.

Inschrift auf der Holzkassette: ______

______

4 WAS? WANN? Ordne die Ereignisse aus dem Text in der richtigen zeitlichen Reihenfolge.

- [ ] Beginn einer Freundschaft: zwei Babys in Windeln
- [ ] Was in diesem Sommer war: der große Fehler, der alte Mann, das Buch, die Lampe, das Fernrohr und genau diese Kassette, mit der alles anfing
- [ ] Der Tod von Jeremys Vater
- [ ] Jeremys achter Geburtstag
- [ ] Fahrt mit dem morschen Ruderboot
- [ ] Jeremy und Lizzy auf einem Felsen im Lake Mosley
- [ ] 22. Juli: Jeremys 13. Geburtstag
- [1] Ein Dreizehnjähriger bei der Handleserin in Atlantic City

Stärken stärken: Die Handlung zusammenfassen

Information **Die Handlung zusammenfassen**

Eine schriftliche Zusammenfassung gibt die Handlung eines Textes in möglichst knapper Form wieder:
- Gliedere den Text in **Abschnitte** und überlege dir passende Überschriften.
- Schreibe zu jedem Abschnitt **die wichtigsten Handlungsschritte** in je einem Satz auf.
- Achte bei der Zusammenfassung auch auf die **Sprache:**
  - Schreibe knapp und **sachlich** und formuliere in eigenen Worten.
  - Mache die Zusammenhänge der Handlung deutlich: Verwende **Satzverknüpfungen** wie Konjunktionen, Adverbien oder Pronomen, z. B.: *als, weil, nachdem, zuerst, das, die ...*
  - Schreibe im **Präsens** (bei Vorzeitigkeit: im Perfekt).
  - Forme wichtige Aussagen der Figuren in **indirekte Rede** um (▸ S. 55) oder umschreibe sie.

●○○ 1 **Die Fragen WER?, WAS? und WANN? hast du auf Seite 29 bereits beantwortet. Verschaffe dir nun einen Überblick über den Aufbau des Textauszugs auf Seite 28 bis 29. Teile den Text in sechs Abschnitte ein. Achte dabei z. B. auf *Figuren, Orte, Gespräche.* Schreibe dann zu jedem Abschnitt eine passende Überschrift oder einen Satz auf.**

Z. 1–15: Der Ich-Erzähler Jeremy beschreibt, wie er mit seiner Freundin Lizzy auf einem Felsbrocken in einem See sitzt.

Z. 16–41:

●○○ 2 **Pia hat ihre Zusammenfassung nicht knapp und sachlich geschrieben. Überarbeite ihren Text: Streiche überflüssige und unsachliche Wörter und Ausdrücke mit dem Lineal durch.**

VORSICHT FEHLER!

An einem extrem heißen Sommertag so gegen Ende Juli sitzen Jeremy Fink und seine immer so laut schreiende Freundin Lizzy auf einem Felsen in einem wunderbar ruhig gelegenen See in New Jersey. Auf seinen Beinen hält der coole Junge eine ziemlich alte Holzkassette, die er vor einem Monat erhalten hat. In ihrem Deckel sind die total komischen Worte „Der Sinn des Lebens" irgendwie reingeschnitzt. Echt toll, dass der 22. Juli ist! Denn an diesem Tag feiert er endlich seinen 13. Geburtstag. Und an diesem Tag darf er auch noch dazu das Holzkästchen öffnen.

●○○ **3** **In Mareks Zusammenfassung können die Zusammenhänge der Handlung verdeutlicht werden. Verknüpfe die folgenden Sätze. Wähle passende Verknüpfungswörter aus dem Wortspeicher aus.**

Es ist ein heißer Sommertag Ende Juli. Der Ich-Erzähler Jeremy Fink und seine beste Freundin Lizzy sitzen auf einem Felsen in einem ruhig gelegenen See in New Jersey.

Auf seinen Beinen hält Jeremy eine Holzkassette. Er hat die Kassette vor einem Monat erhalten.

Lizzy, die ungeduldig auf das Öffnen der Kiste wartet, kennt er bereits seit Babytagen. Die beiden sind zusammen aufgewachsen.

Wortspeicher

als • denn • weil • obwohl • trotzdem • während • nachdem • die

Es ist ein heißer Sommertag Ende Juli, als der Ich-Erzähler ______________________

____

____

____

●○○ **4** **Nur zwei der folgenden Sätze aus Pauls Zusammenfassung wurden in den richtigen Zeitformen verfasst. Unterstreiche alle Verben und kreuze die Sätze mit den richtigen Zeitformen an. Schreibe den fehlerhaften Satz verbessert auf die Linien.**

A ☐ An einem heißen Sommertag Ende Juli sitzen der Ich-Erzähler Jeremy Fink und seine beste Freundin Lizzy auf einem Felsen in einem ruhig gelegenen See in New Jersey.

B ☐ Auf seinen Beinen hält Jeremy ein Holzkästchen, das er vor einem Monat bekommen hat und das er an diesem Tag, seinem 13. Geburtstag, öffnen darf.

C ☐ Lizzy, die ungeduldig auf das Öffnen der Kassette wartete, hatte er bereits seit Babytagen gekannt.

Verbesserung von Satz ____ : ______________________

____

____

____

●○○ **5** **In Zeile 71 wendet sich Lizzy direkt, also in wörtlicher Rede, an Jeremy. Wandle diese Textstelle für deine Zusammenfassung in indirekte Rede (▸ S. 55) um.**

„Worauf wartest du?", kreischt mir Lizzy ins Ohr.

→ Lizzy kreischt Jeremy ins Ohr, ______________________

____

●○○ **6** **Formuliere für deine Zusammenfassung der Handlung die Überschriften aus Aufgabe 1 in ganzen Sätzen aus. Denke dabei an Satzverknüpfungen. Schreibe in dein Heft. Beginne z. B. so:**

An einem heißen Sommertag Ende Juli sitzen der Ich-Erzähler Jeremy Fink und seine beste Freundin Lizzy auf einem Felsen in einem ruhig gelegenen See in New Jersey.

Stärken stärken: Eine Inhaltsangabe zu einem Jugendbuchauszug schreiben

Information **Schreibplan für eine Inhaltsangabe**

In einer Inhaltsangabe gibst du den Inhalt eines Textes in eigenen Worten knapp und sachlich wieder, sodass auch andere, die den Text nicht gelesen haben, über das Wesentliche informiert sind.

Aufbau:

- In der **Einleitung** nennst du die Art des Textes (z. B. Jugendbuch), den Titel, den Namen der Autorin / des Autors, das Erscheinungsjahr und das Thema des Textes (Kernaussage).
- Im **Hauptteil** fasst du die wichtigsten Ereignisse der Handlung (Handlungsschritte) in der zeitlich richtigen Reihenfolge zusammen. Beschränke dich auf das Wesentliche und verzichte auf Einzelheiten.
- Im **Schluss** kannst du deine eigene Meinung zum Text wiedergeben oder den Text in Bezug zu deinen eigenen Erfahrungen bringen.

●●○ **1** **Lies noch einmal den Jugendbuchauszug auf Seite 28 und 29. Bearbeite anschließend die Aufgaben 1 bis 5 auf den Seiten 30 und 31.**

●●○ **2** **Lies die folgende Einleitung von Michele, die noch unvollständig ist.**

a **Ergänze die fehlenden Angaben. Du findest die Angaben auf den Seiten 28 und 29. Tipp: Denke auch an das Thema.**

b **Notiere rechts daneben, welche Art Angabe du machst. Wenn du unsicher bist, kannst du in der Information oben noch einmal nachlesen.**

Das *Jugendbuch* „______	*Textsorte*
______“	______
der amerikanischen ______	______
erschien ______ in deutscher Übersetzung. Der vorliegende	______
Auszug aus dem Roman handelt von ______	______
______	______
______	______
______.	______

●●○ **3** **Schreibe für den Hauptteil deiner Inhaltsangabe eine Zusammenfassung der Handlung in dein Heft. Nutze deine Vorarbeiten von den Seiten 30 und 31.**

Achte bei deiner **Zusammenfassung** auf die Sprache:

- Formuliere **knapp** und **sachlich.**
- Schreibe im **Präsens** (bei Vorzeitigkeit im Perfekt).
- Verwende **indirekte Rede** und
- nutze **Satzverknüpfungen.**

4 Zum Schluss deiner Inhaltsangabe kannst du deine eigene Meinung zum Text mitteilen.

a Lies die drei Aussagen in der linken Spalte.

b Welche Formulierung hältst du für gelungen? Begründe deine Bewertung.

Textauszug	Bewertung und Begründung
A *Der Text hat mir ganz gut gefallen.*	
B *Der Romanauszug war irgendwie doof, die Geschichte spielt ja in Amerika, das hat mit mir doch nichts zu tun.*	
C *Insgesamt fand ich den Romanauszug interessant, weil die Figuren sehr lebensnah wirken und der offene Schluss zum Weiterlesen anregt. Was versteckt sich wohl in der Holzkassette?*	

c Ergänze die Satzanfänge und formuliere einen eigenen Schluss für deine Inhaltsangabe.

Der Textauszug aus Wendy Mass' Jugendroman macht neugierig, weil ____________________

Nicht besonders gelungen finde ich ____________________

Ich kann den Jugendroman „Das Leben ist kurz, iss den Nachtisch zuerst" auf jeden Fall weiterempfehlen, denn ____________________

5 Deine Ergebnisse aus den Aufgaben 2, 3 und 4 ergeben eine vollständige Inhaltsangabe.

a Prüfe deinen Hauptteil mit Hilfe der Checkliste auf Seite 37.

b Vergleiche deine Einleitung und den Schluss mit Textbeispielen im Lösungsheft (► S. 11).

Stärken stärken: Eine Kalendergeschichte erschließen und zusammenfassen

1 Lies die Kalendergeschichte.

Johann Peter Hebel

Das wohlfeile Mittagessen (1804)

Johann Peter Hebel lebte von 1760 bis 1826 in Süddeutschland, wo er vor allem als Verfasser und Herausgeber von Kalendergeschichten berühmt wurde. Diese kurzen Erzählungen waren auf Jahreskalendern abgedruckt und sollten die Menschen unterhalten und belehren. Oft waren sie der einzige Lesestoff der einfachen Leute in der damaligen Zeit.

Es ist ein altes Sprichwort: Wer andern eine Grube gräbt, fällt selber darein. – Aber der Löwenwirt in einem gewissen Städtlein war schon vorher darin. Zu diesem kam ein wohlgekleideter Gast. Kurz und protzig verlangte er für sein Geld eine gute Fleischsuppe. Hierauf forderte er auch ein Stück Rindfleisch und ein Gemüs, für sein Geld. Der Wirt fragte ganz höflich, ob ihm nicht auch ein Glas Wein beliebe? „O freilich ja", erwiderte der Gast, „wenn ich etwas Gutes haben kann für mein Geld." Nachdem er sich alles wohl hatte schmecken lassen, zog er einen abgeschliffenen Sechser aus der Tasche und sagte: „Hier, Herr Wirt, ist mein Geld." Der Wirt sagte: „Was soll das heißen? Seid Ihr mir nicht einen Taler schuldig?" Der Gast erwiderte: „Ich habe für keinen Taler Speise von Euch verlangt, sondern für mein Geld. Hier ist mein Geld. Mehr hab' ich nicht. Habt Ihr mir zu viel dafür gegeben, so ist's Eure Schuld." –

Dieser Einfall war eigentlich nicht weit her. Es gehörte nur Unverschämtheit dazu und ein unbekümmertes Gemüt, wie es am Ende ablaufen werde. Aber das Beste kommt noch. „Ihr seid ein durchtriebener Schalk", erwiderte der Wirt, „und hättet wohl etwas anderes verdient. Aber ich schenke Euch das Mittagessen und hier noch ein Vierundzwanzigkreuzerstück dazu. Nur seid stille zur Sache, und geht zu meinem Nachbarn, dem Bärenwirt, und macht es ihm ebenso." Das sagte er, weil er mit seinem Nachbarn, dem Bärenwirt, aus Brotneid im Unfrieden lebte und einer dem andern jeglichen Tort und Schimpf gern antat und erwiderte. Aber der schlaue Gast griff lächelnd mit der einen Hand nach dem angebotenen Geld, mit der andern vorsichtig nach der Türe, wünschte dem Wirt einen guten Abend und sagte: „Bei Eurem Nachbarn, dem Bärenwirt,

Z.1–2: Lehre der Geschichte

Z. : Ein gut angezogener Gast bestellt sein Essen beim Löwenwirt

bin ich schon gewesen und eben der hat mich zu Euch geschickt und kein anderer."
So waren im Grunde beide hintergangen, und der dritte hatte den Nutzen davon. Aber der listige Kunde hätte sich noch obendrein einen schönen Dank von beiden verdient, wenn sie eine gute Lehre daraus gezogen und sich miteinander ausgesöhnt hätten. Denn Frieden ernährt, aber Unfrieden verzehrt.

2 Notiere deinen ersten Leseeindruck.

3 Die Kalendergeschichte von Johann Peter Hebel ist über 200 Jahre alt und enthält daher viele Wörter und Wendungen, die heute nicht mehr gebräuchlich sind.

a Lies den Text gezielt auf diese altertümlichen Wendungen hin und unterstreiche sie.

b Versuche, die jeweilige Bedeutung aus dem Textzusammenhang zu erschließen. Manchmal hilft dir auch ein Lexikon oder Wörterbuch. Schreibe auf, was sie bedeuten.

„fällt selber darein" (Z. 2): fällt selbst hinein

„ein Glas Wein beliebe" (Z. 9):

„ein unbekümmertes Gemüt" (Z. 21–22):

4 Lies den Text ein weiteres Mal.

a Unterstreiche die Schlüsselwörter, das sind Wörter, die für das Verständnis des Inhalts und des Handlungsverlaufs wichtig sind. Einige davon (nicht alle) sind im ersten Abschnitt bereits unterstrichen.

b Beantworte die folgenden W-Fragen in vollständigen Sätzen.

Wo spielt die Geschichte?

Wer ist am Geschehen beteiligt?

Oft antworten die **Schlüsselwörter** auf die W-Fragen.

Eine Inhaltsangabe gibt nur das Wesentliche wieder. **W-Fragen** helfen dir dabei, die wichtigsten Informationen eines Textes herauszufinden. Nicht immer gibt ein Text jedoch auf alle W-Fragen eine Antwort.

●●● 5 **Mache dir den Aufbau der Geschichte bewusst.**
Gliedere den Text in einzelne Handlungsschritte.

- a **Kennzeichne die Handlungsschritte: Setze vor jeden neuen Handlungsschritt ein Absatzzeichen. Z**
- b **Notiere die Zeilennummern des Abschnitts jeweils rechts neben den Text.**
- c **Schreibe zu jedem Handlungsschritt eine kurze Zusammenfassung. Die unterstrichenen Schlüsselwörter helfen dir dabei.**

Handlungsschritte erkennen
Achte darauf, wo

- das Geschehen eine **Wende** nimmt,
- **Figuren** neu auftreten oder sich entfernen,
- ein **Zeitsprung** vorliegt,
- ein **Gespräch** beginnt oder endet,
- der **Schauplatz** wechselt.

●●● 6 **Verfasse nun eine Einleitung für deine Inhaltsangabe zu der Geschichte von Hebel. Ergänze dazu den Lückentext unten und formuliere das Thema. Schreibe in dein Heft.**

Die Kalendergeschichte „ ? “ von ? erschien ? . Die Geschichte handelt von ? .

●●● 7 **Im Hauptteil der Inhaltsangabe gibst du die wichtigsten Handlungsschritte wieder.**

- a **Lies die von dir formulierten Zusammenfassungen der Handlungsschritte nochmals durch.**
- b **Verbinde die Sätze durch passende Konjunktionen und Adverbien zu einem zusammenhängenden Text, z. B.: *deshalb, denn, aber, obwohl …***

Der Gast bestellt viele teure Gerichte. Der Wirt glaubt, dass sein Gast reich ist.
→ *Der Gast bestellt viele teure Gerichte, deshalb glaubt …*
Der Wirt bietet ihm auch einen Wein an. Der Wirt erhofft sich ein gutes Geschäft.
→ …

●●● 8 **Für das Verständnis wichtige Aussagen der Figuren musst du von der direkten in die indirekte Rede umwandeln. Beachte dabei die richtige Bildung des Konjunktivs (▸ S. 55).**

Er fragt den Gast, ____________________

Seid Ihr mir nicht einen Taler schuldig?

Ich habe für keinen Taler Speise von Euch verlangt, sondern für mein Geld.

Der Gast erwidert, ____________________

●●● 9 **Gib zum Schluss deiner Inhaltsangabe deine eigene Auffassung zur Lehre wieder.**

- a **Die Kalendergeschichte „Das wohlfeile Mittagessen“ beginnt mit dem Sprichwort: „Wer andern eine Grube gräbt, fällt selbst hinein.“ Kreuze den Satz unten an, der deiner Meinung nach die Bedeutung des Sprichworts am besten wiedergibt:**

A ☐ Schadenfreude ist doppelte Freude.
B ☐ Schadenfreude lohnt sich nicht.

- b **Formuliere in deinem Heft eine Schlussbemerkung, die die Lehre und deine Auffassung darüber aufgreift.**

●●● 10 **Schreibe die vollständige Inhaltsangabe zu der Kalendergeschichte in dein Heft. Nutze dazu die Teilergebnisse der vorausgegangenen Aufgaben.**

Teste dich!

Einen literarischen Text zusammenfassen

Der Jugendroman „Artemis Fowl" des irischen Autors Eoin Colfer erschien im Jahr 2005 in der deutschen Übersetzung im List-Taschenbuchverlag. Der literarische Text handelt von Artemis Fowl, einem zwölfjährigen genialen Meisterdieb, der mit Hilfe eines geheimen Elfenbuchs einen sagenhaften Goldschatz bergen will.

1 Moritz möchte für eine Inhaltsangabe zum Jugendbuch „Artemis Fowl" die Handlung zusammenfassen.
a Prüfe seine Zusammenfassung mit Hilfe der Checkliste unten. Hat Moritz alles richtig gemacht? (5 P.)
b Überarbeite Moritz Zusammenfassung. Streiche überflüssige und unsachliche Wörter. Streiche auch fehlerhafte Formulierungen durch und schreibe sie verbessert auf. (7 P.)

VORSICHT FEHLER!

Zu Beginn der Geschichte recherchierten Artemis und sein Bodyguard Butler in Saigon nach einem geheimen Buch, welches dem Elfenvolk gehört. Ein Informant hatte die beiden mit einer als Heilerin getarnten Elfe bekannt gemacht. Artemis ist total clever, denn es gelingt ihm, eine digitale Kopie der Buchseiten zu sichern. Obwohl er noch ein Junge ist, verfügt er über echt tolle Fähigkeiten und ungeheure finanzielle Mittel. Als jüngster Spross einer alten irischen Gangsterfamilie sagt er sich: „Was kostet die Welt! Ich bin reich!" Auf seinem Landsitz Fowl Manor, nahe Dublin, versucht Artemis später, das Buch zu entschlüsseln. Er will halt dem Geheimnis um das Gold des Elfenvolks auf die Spur kommen. Bei seinen Abenteuern unterstützt wird er durch seinen Butler und dessen Tochter Juliet.

Checkliste

Fit für eine Zusammenfassung?

	☺	☹
■ Werden im Hauptteil die **Handlungsschritte** in der richtigen Reihenfolge genannt?		
■ Wird der Inhalt **knapp** und **sachlich** wiedergegeben?		
■ Ist die Zusammenfassung im **Präsens** geschrieben? (Bei Vorzeitigkeit: Perfekt)		
■ Finden sich **Satzverknüpfungen** (Konjunktionen) und abwechselnde Satzanfänge?		
■ Werden wichtige Aussagen der Figuren **in indirekter Rede** wiedergegeben?		

Vergleiche deine Ergebnisse mit dem Lösungsheft. Für jede richtige Antwort erhältst du einen Punkt.

☺ 12–9 Punkte	😐 8–5 Punkte	☹ 4–0 Punkte
Gut gemacht!	Gar nicht schlecht, aber lies dir den Merkkasten auf Seite 30 noch einmal genau durch.	Arbeite die Seiten dieses Kapitels noch einmal sorgfältig durch.

Mit Sachtexten umgehen

Einen Sachtext erschließen und zusammenfassen

Methode **Die Fünf-Schritt-Lesemethode**

1. Schritt: Einen Überblick gewinnen
Lies die Überschrift(en) und die ersten Zeilen des Textes, betrachte die Abbildungen.

2. Schritt: Den Text zügig lesen
Lies den gesamten Text zügig durch. Mache dir klar, was das Thema des Textes ist.

3. Schritt: Unbekannte Wörter und Textstellen klären
Kläre dir unbekannte Wörter und schwierige Textstellen durch Nachdenken oder Nachschlagen.

4. Schritt: Den Text sorgfältig lesen und bearbeiten
Markiere Schlüsselwörter, gliedere den Text in Sinnabschnitte und notiere dazu Zwischenüberschriften.

5. Schritt: Die Informationen zusammenfassen
Fasse die Informationen des Textes in Stichworten oder wenigen Sätzen zusammen.

1 1. Schritt (Überblick)
Lies die Überschrift und überfliege den Anfang des Sachtextes. Sieh dir die Abbildungen an. Überlege, was du möglicherweise schon über das Thema weißt.

2 2. Schritt (erstes zügiges Lesen)
a **Lies den Text über eines der „neuen 7 Weltwunder", die Chinesische Mauer, zügig durch. Markiere unbekannte Wörter. Tipp: Halte dich nicht lange mit Einzelheiten auf, die dir noch unverständlich sind.**
b **Notiere nach dem ersten Lesen das Thema des Textes.**

Jn dem Sachtext geht es um ... ______________________

____

Die Chinesische Mauer

Die Chinesische Mauer ist das längste Bauwerk der Welt. Nach neueren Messungen ist sie fast 9000 Kilometer lang. Man könnte die Mauer mehr als zweimal um ganz Deutschland führen.

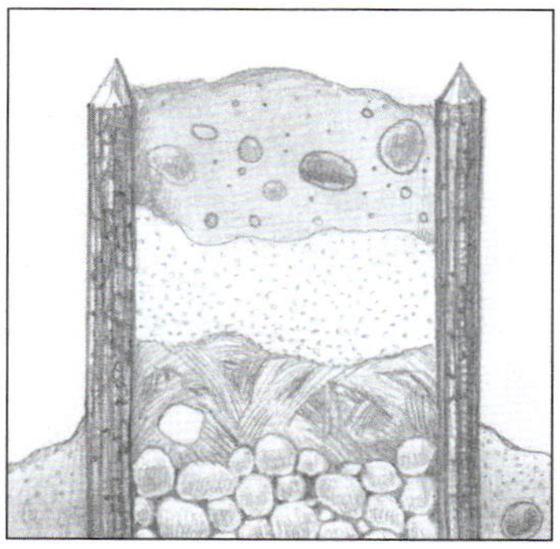
Abbildung 1

Bereits seit Längerem existierten kürzere Schutzwälle im Norden des Reiches. Diese ließ der erste Kaiser ab 214 v. Chr. zu einer langen Anlage miteinander verbinden. Damit wollte er sein Reich und die chinesische Hochkultur vor den Einfällen kriegerischer Reitervölker und Nomaden aus der Steppe im Norden schützen. Immer wieder tauchten diese wie aus dem Nichts auf, überfielen grenznahe Dörfer und Städte und plünderten sie. Wenn sie wieder abzogen, hinterließen sie heillose Zerstörung. Das musste aufhören, denn solange die Attacken kein Ende fanden, war das ganze Reich in Gefahr und die Macht des Kaisers bedroht.

Die Mauer verläuft in großen Teilen durch sehr gebirgiges Gelände, wobei es meistens über die Bergkämme geführt wurde. Das machte die Arbeit extrem mühsam und gefährlich. Im Westen des Landes führte die Mauer zum Teil durch Wüsten und Einöden. Das Klima dort erschwerte die Arbeit ebenfalls sehr.

Als Baumaterial wurden ursprünglich Materialien genutzt, die man in der Umgebung vorfand: Natur-

steine und Lehm. In manchen Gegenden baute man aus Baumstämmen zweireihige Palisaden, also Schutzwände aus Stämmen. Den Zwischenraum füllte man mit Steinen, Erde und Schutt, aber auch mit Schichten aus Stroh. Von diesen ältesten Anlagen ist heute nicht mehr viel erhalten. Erst später verwendete man gebrannte Ziegelsteine.
Nun wurden auch Wach- und Wehrtürme gebaut; insgesamt sollen es 25 000 gewesen sein. Sie dienten als Munitions- und Waffenlager und vor allem als Signaltürme: Wenn die Besatzung einen Feind herannahen sah, wurde auf dem Turm ein Feuer entfacht. Dieses erblickten Späher auf dem nächsten Turm, die nun ihrerseits wieder ein Feuer entzündeten und so weiter. Auf diese Weise konnte die Nachricht von der anrückenden Gefahr in relativ kurzer Zeit bis zur Hauptstadt gelangen.
Weil sich das „Reich der Mitte", wie China sich selbst immer nannte, im 17. Jahrhundert weiter nach Norden und damit über die Große Mauer hinaus ausdehnte, verlor der Schutzwall seine Funktion und verfiel über weite Strecken. Vielfach nutzten auch Bewohner der Gegend das Material zum Bau ihrer Häuser.

Abbildung 2

Erst im letzten Jahrhundert begann man damit, die Mauer teilweise zu restaurieren. Heute gehört sie zu den wichtigsten Sehenswürdigkeiten des Landes und vor allem in der Nähe von Peking besuchen jährlich Tausende Touristen die Anlage. Im Sommer 2007 wurde sie in einer weltweit durchgeführten Online-Abstimmung in eine neue Liste der Weltwunder aufgenommen.

Heinz Gierlich

3 3. Schritt (unbekannte Wörter und schwierige Textstellen klären)

- Die Bedeutung **unbekannter Wörter** kannst du meist aus dem Textzusammenhang klären.
- **Wortzusammensetzungen** musst du zerlegen und nach dem Grundwort suchen, z. B.: *Bauwerk = Bau + Werk.*
- Falls du immer noch Zweifel hast, schlage in einem **Lexikon oder Wörterbuch** nach.

a Schlüssle die Bedeutung des Wortes „Schutzwall" (▸ Z. 8) auf. Ergänze.

	Bedeutung
Schutz	*Sicherung, Maßnahmen gegen eine Bedrohung …*
Wall	*Ein Wall ist ein Hindernis, das …*
Schutzwall	*Ein Schutzwall …*

b Kläre die Bedeutung dir unbekannter Wörter und schwer verständliche Stellen im Text auf den Seiten 38 und 39. Schreibe sie mit Erläuterungen auf.

Palisade (▸ Z. 34): ______

Munitionslager (▸ Z. 42): ______

______

______

______

Es ist nicht immer notwendig, jedes Wort zu kennen. Prüfe, ob du den Satz auch ohne das Wort verstehst.

4 4. Schritt (zweites sorgfältiges Lesen)
Lies den Text ein zweites Mal gründlich und bearbeite ihn.
Markiere dabei Schlüsselwörter, die die wichtigsten Informationen enthalten.

5 **Teile den Text in sieben Sinnabschnitte ein – nutze hierfür folgendes Absatzzeichen Z.**
a **Notiere für jeden Sinnabschnitt die Zeilenangaben.**
b **Ergänze eine sinnvolle Zwischenüberschrift oder fasse in einem Satz zusammen.**
Tipp: Die Schlüsselwörter, die du markiert hast (▸ Aufg. 4), helfen dir, die Informationen zusammenzufassen.

Sinnabschnitt 1 (Z. 1–6): längstes Bauwerk der Welt: fast 9000 km lang, passt zweimal um Deutschland

Sinnabschnitt 2 (Z.   ):

6 5. Schritt (Informationen mit eigenen Worten zusammenfassen)
a **Ergänze den Einleitungssatz und schreibe ihn vollständig ins Heft.**

In dem Text „ ? “ informiert der Autor ? über ? .

b **Vervollständige die Zusammenfassung des ersten Sinnabschnitts. Das angebotene Wortmaterial hilft dir. Schreibe ins Heft.**

Wortspeicher
9 000 km • Bundesrepublik Deutschland • zweimal • längstes Bauwerk

Die Chinesische Mauer ist mit ? das ? der Welt.
Damit könnte man sie mehr als ? um die ? führen.

c **Fasse auch die restlichen Sinnabschnitte im Heft zusammen. Verwende deine Vorarbeit aus Aufgabe 5.**
Tipp: Verwende Konjunktionen und Adverbien, z. B.: *aber, zunächst, wei, obwohl, da, …*

Methode **Einen Sachtext mit eigenen Worten zusammenfassen**

Fasse den Inhalt des Sachtextes knapp und sachlich zusammen, sodass andere, die den Text nicht gelesen haben, über das Wesentliche informiert werden.
- Nenne in der **Einleitung** Titel, Namen des Verfassers/der Verfasserin und Thema des Textes.
- Fasse im **Hauptteil** die wichtigsten Textinformationen knapp, sachlich und in eigenen Worten zusammen. Verwende als Zeitform das **Präsens** (bei Vorzeitigkeit das Perfekt).

Stärken stärken: Grafiken und Diagramme auswerten

1 **Lies den Text auf den Seiten 38 und 39. Bearbeite dann die Aufgaben 1 bis 6 auf den Seiten 38 bis 40.**

2 **Untersuche nun die Grafik auf Seite 38 genauer:**
- **Zu welchem Textabschnitt passt die Grafik am besten? Notiere die Zeilennummern.**
- **Beschreibe, was die Grafik darstellt.**

Die Grafik passt zu dem ______ *Abschnitt* ______

(Z. ______ *) und darin zu Z.* ______ *. Sie verdeutlicht, wie* ______

______ .

Eine Grafik kann anschaulich **Zahlen** (z. B. Größenverhältnisse), **Konstruktionen und Funktionen** (z. B. Bauwerke) oder **Orts- bzw. Lageangaben** (z. B. Landkarten) darstellen.

Methode **Diagramme verstehen und auswerten**

Ein Diagramm ist eine **bildliche Darstellung von Daten und Informationen**. Die häufigsten Arten von Diagrammen sind: Säulendiagramm, Balkendiagramm, Kurvendiagramm und Kreisdiagramm.

1 Schau dir das Diagramm genau an. Lies die Überschrift sowie die übrigen Angaben und Erklärungen.
2 Stelle fest, worüber das Diagramm informiert. Welche Maßeinheiten werden verwendet, z. B. Prozentzahlen (%), Maße (m, cm), Gewichte (kg) oder Jahreszahlen?
3 Vergleiche die Angaben miteinander (höchster und niedrigster Wert, gleiche Werte).
4 Fasse zusammen, was im Diagramm gezeigt wird: Was lässt sich ablesen?

Ranking beliebter Touristenattraktionen 2006 (nach Besucherzahlen)

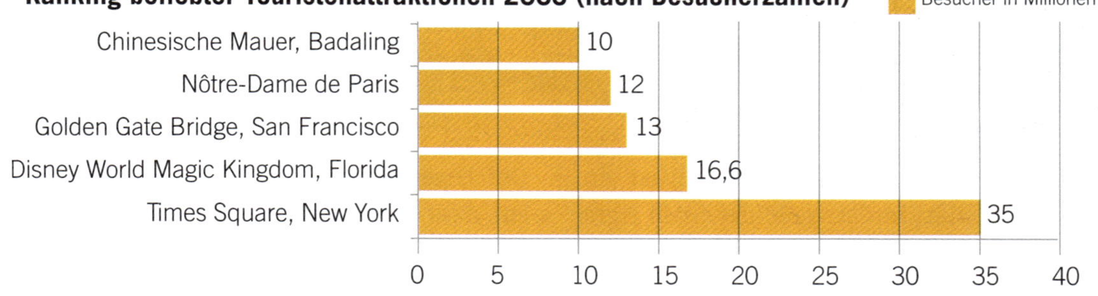

3 **Das Diagramm oben zeigt das Ergebnis einer Umfrage.**
a **Um welche Art von Diagramm handelt es sich? Notiere.** ______
b **Worüber informiert das Diagramm? Markiere die Überschrift und die verwendete Maßeinheit.**
c **Werte die Informationen des Diagramms aus. Beantworte dazu die folgenden Fragen in Stichworten:**

A Welche Touristenattraktion war 2006 am beliebtesten? ______

B Wie viele Touristen haben 2006 die Chinesische Mauer besucht? ______

4 **Das Diagramm ergänzt Informationen zum Text „Die Chinesische Mauer" (▸ S. 38 f.). Welche sind es? Trage sie ein:**

Das Diagramm ergänzt die Textstelle Z. ______ bis Z. ______ . Es nennt den genauen Ort, ______ ,

und die genaue ______ : ______ .

Stärken stärken: Informationen aus verschiedenen Sachtexten zusammenfassen

●●○ **1** **Erarbeite dir die beiden Sachtexte A (▸ unten) und B (▸ S. 43) jeweils nach der 5-Schritt-Lesemethode. Schreibe ins Heft.**

a **Verschaffe dir zunächst einen Überblick: Überfliege die Überschriften und Texte. Betrachte das Foto.**
b **Lies dann zügig die beiden Texte.**
c **Erschließe unbekannte Wörter durch den Textzusammenhang oder schlage nach.**
d **Markiere Schlüsselwörter und mache dir Notizen zu den einzelnen Abschnitten. Nutze hierzu Aufgabe 2 a.**
e **Fasse die Informationen der Texte in Stichworten oder wenigen Sätzen zusammen.**

Text A

Kai Hirschmann

Das Taj Mahal

Das Taj Mahal (gesprochen: Tadsch Mahal) ist ein strahlend weißer Palast in der Nähe der Stadt Agra im Norden Indiens. Der Schah Jahan ließ ihn als Grabstätte für seine Frau Mumtaz Mahal errichten. Der Name „Taj Mahal" bedeutet wörtlich „Kronenpalast". Er sollte nach dem Willen Jahans das schönste Bauwerk aller Zeiten werden – prächtiger als alle bekannten Weltwunder. Der mächtige Herrscher wollte seiner Lieblingsfrau Mumtaz Mahal, die bei der Geburt ihres 14. Kindes gestorben war, eine Wohnstätte für die Ewigkeit bauen. Das strahlend weiße Gebäude sollte für alle Zeit an die Liebe der beiden erinnern.

Schah Jahan ließ die besten Handwerksmeister aus ganz Süd- und Zentralasien kommen – insgesamt 20 000 waren am Bau beteiligt. Und mehr als 1000 Elefanten brachten die edelsten Baumaterialien Asiens herbei: Marmor, Sandstein und 28 verschiedene Arten Edelsteine. Nach 18 Jahren Bauzeit wurde das prachtvolle islamische Mausoleum[1] 1648 fertiggestellt.

Der Legende nach wollte der Herrscher sicherstellen, dass sein Bauwerk einmalig blieb, und ließ deshalb viele Handwerksmeister verstümmeln, nachdem das Taj Mahal fertig war. Auf diese Weise wollte er angeblich verhindern, dass die Spezialisten noch einmal ein so schönes Gebäude errichten konnten.

Das Taj Mahal brachte Schah Jahan kein Glück. Denn es stellte sich heraus, dass der Prachtbau das ganze Vermögen des Herrschers verschlungen hatte. Einen zweiten, schwarzen Palast auf der anderen Seite des Flusses, der ihm als Grabstätte dienen sollte, konnte er sich nicht mehr leisten. Weil er so viel Geld ausgegeben hatte, wurde Schah Jahan 1658 sogar von seinem eigenen Sohn gestürzt und im Roten Fort von Agra bis zu seinem Tode unter Hausarrest gestellt. Von dieser Festungsanlage, die nicht weit entfernt vom Taj Mahal liegt, konnte er auf sein Lebenswerk blicken. Seine letzte Ruhe fand er 1666 neben seiner Frau im Taj Mahal.

1 Das Mausoleum: Grabmal in Form eines Gebäudes

Text B

Das Taj Mahal im Überblick

Zahlen – Maße: Das Taj Mahal steht auf einer 100 m langen und 100 m breiten Marmorplatte, ist 58 m hoch und 56 m breit und umgeben von 40 m hohen Minaretten.
Das Grabmal liegt in einem 18 Hektar großen Garten mit einem länglichen Wasserbecken, in dem sich das Bauwerk spiegelt.
Auf dem Gelände des Taj Mahals stehen außerdem eine Moschee, ein Gästehaus und ein Eingangsgebäude.
Baumaterial: Für das Gebäude wurden Marmor, roter Sandstein sowie 28 verschiedene Arten von Edel- und Halbedelsteinen verwendet. Jade, Lapislazuli, Saphire und auch Diamanten sind in den Marmor eingefügt und nahezu jede Fläche wurde in irgendeiner Form verziert.
Besonderheiten: Die vier an den Eckpunkten stehenden Minarette, die für die Gebetsrufer (Muezzins) errichtet wurden, sind leicht vom Taj Mahal weggeneigt, damit sie im Falle eines Erdbebens nicht auf das Gebäude stürzen.
Bedeutung für die Menschen: Das Taj Mahal ist eines der schönsten Bauwerke überhaupt und zieht jedes Jahr viele Millionen Touristen an. Aber auch für frisch vermählte Ehepaare ist das Gebäude ein beliebtes Ausflugsziel, denn es gilt als Denkmal ewiger Liebe.

●●○ **2 Die Texte sind unterschiedlich aufgebaut und vermitteln Informationen auf verschiedene Weise.**

a Lege eine Tabelle an und übertrage die Informationen in die entsprechende Spalte.

	Text A	Text B
Überschrift	*Das Taj Mahal*	*Das Taj Mahal im Überblick*
Abschnitte, Unterüberschriften	*Z. 1–13: Entstehungsgeschichte des Taj Mahals*	*Zahlen – Maße: Z. 1–10*
	Z. …	*Baumaterial: Z. …*
Schlüsselwörter: Was?	*schönstes Bauwerk aller Zeiten*	
Wer?	*Schah Jahan*	
Wo?		
Wann?	…	…

b Vergleiche: Wodurch unterscheiden sich die Sachtexte, worin ergänzen sie sich? Halte deine Beobachtungen fest:

●●○ **3 Schreibe mit Hilfe deiner Notizen aus Aufgabe 2 eine Zusammenfassung**

a Notiere, welche Fragen zum Taj Mahal in deinem Text beantwortet werden sollen, z. B.:
Was ist das Taj Mahal? Wo steht es? Welche Materialien …?

b Markiere die entsprechenden Informationen in deinen Ergebnissen aus Aufgabe 2.

c Schreibe die Zusammenfassung in dein Heft.

Stärken stärken: Ein Schaubild anfertigen

1 **Nicht als Weltwunder, aber als Weltkulturerbe gilt das Orchontal in der Mongolei. Touristen verbinden einen Besuch häufig mit einer Rundreise. In einem Reiseprospekt wird eine solche Rundreise beschrieben.**

a Lies den Text genau. Markiere Ortsangaben, Reisemittel und Unterkunftsarten in unterschiedlichen Farben.

Mongolei-Rundreise: Erlebnisse im „Land des ewig blauen Himmels“

1. Tag: Ulan Bator Abholung am Flughafen in Ulan Bator. Noch heute gehen Sie auf Erkundungstour: Sie besuchen das Gandan Kloster, das größte buddhistische Kloster der Mongolei. Sie übernachten in Ulan Bator im Hotel.

2. Tag: Baga Gadsryn Tschuluu Von Ulan Bator aus fahren Sie mit einem Jeep ins Felsgebirge von Baga Gadsryn Tschuluu. Sie verbringen den Tag in diesem wunderschönen Landstrich, besichtigen prähistorische Felsmalereien und Steingräber und übernachten im Jurten-Camp.

3. Tag: Südgobi Mit dem Jeep geht es weiter nach Südgobi. Die Ausblicke auf die grandiose Landschaft entschädigen Sie für die holprige Fahrt über oftmals reine Naturpisten. Sie verbringen den restlichen Tag im Gobi-Nationalpark im östlichen Altai-Gebirge und unternehmen einen Ausflug in die Geierschlucht Yolyn Am. Übernachtung in Jurten.

4. Tag: Oase Bayanzak Quer durch die Wüste geht es zur Oase Bayanzak, wo Sie den berühmten Saurierfriedhof besichtigen. Übernachtung in Jurten.

5. Tag: Ongital Sie fahren weiter durch das Ongital zu den Ruinen der Klöster am gleichnamigen Fluss. Nach dem Mittagessen wandern Sie zur nahe gelegenen Ruinenstadt Ongiin-Khiid. Übernachtung im Jurten-Camp.

6. Tag: Khan-Gebirge Mit dem Jeep geht es weiter zum Mittelpunkt der Mongolei, nach Elsen Tasarkhai. Am Nachmittag reiten Sie auf Kamelen zu den spektakulären Sanddünen von Mongol Els.

7. Tag: Karakorum Nach dem Frühstück begeben Sie sich auf die Fahrt nach Karakorum, wo sie ein Museum besuchen und ein Kloster besichtigen. Nach dem Mittagessen geht es weiter: Halb wandernd, halb fahrend erreichen Sie die traumhafte Kulisse im Orchontal und übernachten im Jurten-Camp am Fluss Orchon.

8. Tag: Hustai Nuruu Beim Besuch des Nationalparks beobachten Sie Wildpferde und zahlreiche Vogelarten. Übernachtung im Jurten-Camp.

9. Tag: Ulan Bator Ihre Reise führt Sie wieder zurück in die Hauptstadt und es heißt Abschied nehmen. Sie treten ihren Rückflug ab Ulan Bator an.

b Betrachte die folgende Karte zur Rundreise. Trage mit Hilfe der Angaben im Text und der nebenstehenden Legende die Reiseroute sowie Reisemittel und Unterkunftsarten ein.

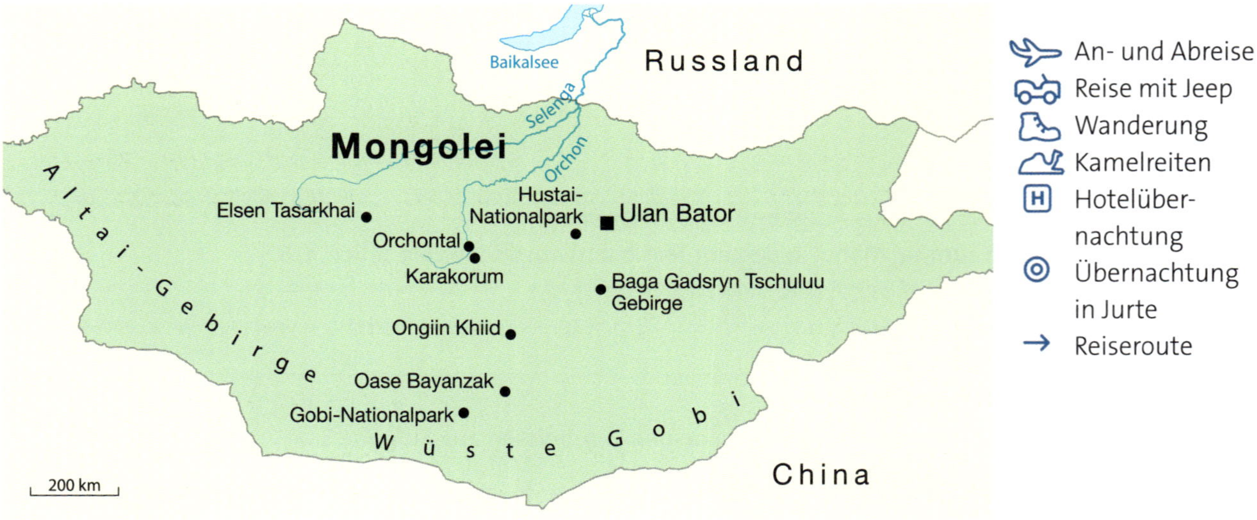

Teste dich!

Einen Sachtext und eine Grafik auswerten

Mond-Gerücht über die Chinesische Mauer

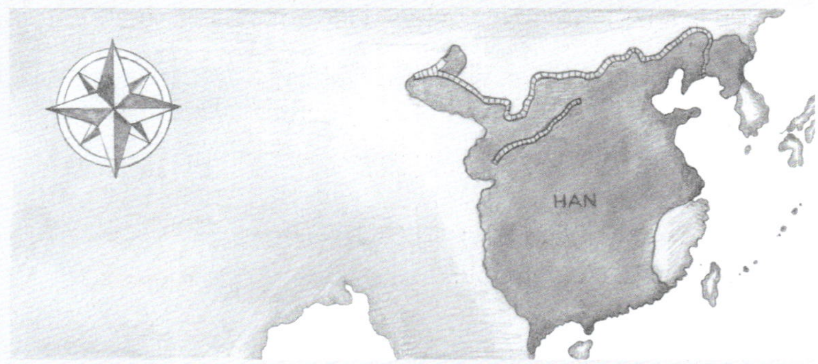

Die Chinesische Mauer ist mit fast 9000 Kilometern das längste Bauwerk der Welt und zu Recht hat man sie daher im Jahre 2007 in die Liste der neuen Weltwunder aufgenommen. Immer wieder hört man sogar, man könne die Mauer vom Mond aus sehen. Das aber ist ein Gerücht, welches dadurch ausgelöst wurde, dass ein Astronaut 2004 von der Internationalen Raumstation aus mit einem Teleobjektiv die Erde fotografierte. Dabei konnte er auch die Chinesische Mauer erkennen, und zwar, weil gerade Winter war und Schnee auf der Mauer lag, als weiße Linie. Aber das gelang ihm eben mit einem Teleobjektiv. Mit dem bloßen Auge wäre das nicht möglich gewesen. Nun muss man Folgendes bedenken: Die Raumstation kreist in einer Höhe von ungefähr 350 Kilometern um die Erde, der Mond aber ist mehr als tausendmal so weit von der Erde entfernt. Damit ist eines klar: Vom Mond aus hat man keine Chance, die Chinesische Mauer zu sehen. Aber das ändert natürlich überhaupt nichts daran, dass sie sehr beeindruckend ist und daher völlig zu Recht auf der Liste der neuen Weltwunder steht.

1 Untersuche den Sachtext über die Chinesische Mauer. (1 P.)
Kreuze an, was das Thema des Textes ist.

A ☐ Die Chinesische Mauer als Weltwunder

B ☐ Kann man die Chinesische Mauer vom Weltall erkennen?

2 Prüfe bei jeder der folgenden Aussagen, ob sie richtig oder falsch ist oder anhand des Textes und der Grafik nicht überprüft werden kann. Notiere rechts daneben *r* für richtig, *f* für falsch oder *ka* für keine Angabe in den Materialien. (8 P.)

C ☐ Die Chinesische Mauer ist das berühmteste Monument der Menschheitsgeschichte.

D ☐ Der Mond ist mehr als 350 000 Kilometer von der Erde entfernt.

E ☐ Die Landkarte informiert über die geografische Lage der Chinesischen Mauer.

F ☐ Man kann die Chinesische Mauer mit bloßem Auge vom Mond betrachten.

G ☐ Die Grafik hat ein Astronaut 2004 von einer Internationalen Raumstation erstellt.

H ☐ Im Norden grenzt die Chinesische Mauer an die Mongolei.

I ☐ Anhand der Landkarte kann man den Verlauf der Mauer verfolgen.

J ☐ Im Winter kann man die Mauer mit einem Teleobjektiv aus dem Weltall fotografieren.

Vergleiche deine Ergebnisse mit dem Lösungsheft. Für jede richtige Antwort erhältst du einen Punkt.

☺ 9–7 Punkte	😐 6–4 Punkte	☹ 3–0 Punkte
Gut gemacht!	Gar nicht schlecht, aber lies dir die Merkkästen auf den Seiten 38 und 41 noch einmal genau durch.	Arbeite die Seiten dieses Kapitels noch einmal sorgfältig durch.

Was kannst du schon? – Grammatik

1 Um welche Wortart handelt es sich? Kreuze an. (9 P.)

	stürmen	oben	manche	Wolken	eine	unter	darunter	diese	gewaltig
Verb									
Nomen									
Adjektiv									
Artikel									
Pronomen									
Adverb									
Präposition									

2 Bestimme die konjugierten Verben in Numerus und Tempus, indem du sie durch Linien miteinander verbindest. Ergänze jeweils den Infinitiv in Klammern. (10 P.)

sie arbeiteten	2. Person Sg. Plusquamperfekt (____________)
du hattest geworfen	3. Person Sg. Perfekt (____________)
wir werden schwimmen	1. Person Pl. Futur I (____________)
du wirst gegessen haben	3. Person Pl. Präteritum (arbeiten)
er ist gegangen	2. Person Sg. Futur II (____________)

3 Kreuze an: Ist das Verb regelmäßig (schwach) oder unregelmäßig (stark) gebildet? (4 P.)

	stark	schwach
A Die Wolken zeigten heute ein besonderes Schauspiel.		
B Kilometerhoch türmten sie sich über unseren Köpfen.		
C Mit unbändiger Kraft entluden sie Blitz und Donner.		
D Regengüsse schossen auf uns nieder.		

4 **Stelle diesen Satz zweimal um (Umstellprobe). Schreibe die beiden neuen Sätze auf. (2 P.)**

Über unseren Köpfen finden täglich faszinierende Naturschauspiele statt.

A ______________________

____

____

____

B ______________________

____

____

____

5 **Bestimme die unterstrichenen Satzglieder. Trage dazu die Buchstaben hinter den Satzgliedern in die nachfolgende Tabelle ein. (9 P.)**

1 Weltweit (A) jagen begeisterte Fotografen (B) Wolken (C) hinterher.
2 Sie (D) suchen (E) nach überraschenden Motiven am Himmel (F).
3 In den Wolkenbergen erkennen sie (G) oft (H) die unglaublichsten Dinge (I).

Satz	Subjekt	Prädikat	Akkusativobjekt	Dativobjekt	adverbiale Bestimmung
1					
2					
3					

6 **Hauptsatz oder Nebensatz? Notiere es rechts daneben. (3 P.)**

A Schon Kinder liegen im Gras, weil sie die Wolken beobachten wollen. = Hs, Ns

B Sie sehen Drachen und Burgen darin, sie erkennen Elefanten und Giraffen. = ______

C Wolken zu beobachten macht Spaß und es regt die Fantasie an. = ______

D Nur wenige werden bestreiten, dass Wolken völlig uninteressant sind. = ______

7 **a Prüfe deine Lösungen mit Hilfe des Lösungshefts.**
b Trage ein, wie du die Aufgaben bewältigt hast: ✓ = das Meiste richtig ? = noch etwas unsicher

Aufgabe	1	2	3	4	5	6
Weitere Übungen	Seite 48–52	Seite 53–55	Seite 53–54	Seite 59–60	Seite 59–65	Seite 68–72

Wörter und Wortarten

Nomen, Artikel, Adjektive

Information | **Nomen und ihre Begleiter**

Nomen und ihre **Begleiter** stehen immer im gleichen Kasus, z. B.: *Landwirte waren schon immer besonders abhängig vom Wetter* (Nominativ). *Deshalb haben sie die Beobachtung des Wetters in Bauernregeln festgehalten* (Genitiv). Begleiter können sein:

- der **bestimmte Artikel,** z. B.: *der Regen,*
- der **unbestimmte Artikel,** z. B.: *ein Gewitter,*
- **Adjektive,** z. B.: *dunkle Wolken,*
- **Pronomen,** z. B.: *dieser Wind.*

1 **a Streiche im ersten Absatz des Textes jeweils die falsche Form durch.**
b Setze im zweiten Absatz die in Klammern stehenden Wörter im richtigen Kasus ein.

Der Föhn

Wer im Süden Deutschlands bewusst ~~einen Wetterbericht~~ / den Wetterbericht hört, hat sicher schon einmal *ein Wort / das Wort* „Föhn" gehört. *Ein Föhnwind / Der Föhnwind* ist das Wetterphänomen, das vorwiegend in den Bergen vorkommt. Er entsteht, wenn ein Luftpaket vor *einem Gebirge / dem Gebirge* zum Aufsteigen gezwungen wird. Dabei kühlt sich *ein Luftpaket / das Luftpaket* ab. Dann kondensiert *ein Wasserdampf / der Wasserdampf* und es bilden sich *Wolken / die Wolken*. Die Luftmassen verlieren *einen großen Teil / den großen Teil* der Feuchtigkeit, indem sie sich über den Bergen abregnen (Steigungsregen). Auf der anderen Seite des Berges sinken *Luftmassen / die Luftmassen* wieder nach unten und erwärmen sich. Es weht nun *ein trockener, warmer Fallwind / der trockene, warme Fallwind.* Die Wolken lösen sich auf und man kann sich einer guten Fernsicht erfreuen. *Ein Alpenvorland / Das Alpenvorland* verzeichnet jedes Jahr mehrere Tage, an denen der Einfluss des Föhns spürbar wird.

Einen solchen Fallwind (ein solcher Fallwind) gibt es aber an nahezu jedem Gebirge. Allerdings erhält er von Region zu Region ____________________ (ein anderer Name). Beispielsweise ist der Föhn ____________________ (die Nordamerikaner) als Chinook bekannt. Die drückende Hitze, eine Folge ____________________ (das schnelle Absinken) der Luft, macht ____________________ (viele wetterfühlige Menschen) zu schaffen. Sie leiden unter ____________________ (die Kopfschmerzen und die Kreislaufprobleme). ____________________ (Dieses warme Wetter) ist es aber auch zu verdanken, dass im Winter der Schnee schnell schmilzt und im Herbst die Traubenernte ____________________ (die ansässigen Winzer) besser ausfällt.

Pronomen

Information | **Pronomen**

Pronomen können Nomen ersetzen, sie begleiten oder Verknüpfungen im Satz herstellen:
- **Personalpronomen** (persönliche Fürwörter), z. B.: *ich, du, er/sie, es, wir, ihr, sie*
- **Demonstrativpronomen** (hinweisende Fürwörter), z. B.: *dieser, jener, der, die, das*
- **Possessivpronomen** (besitzanzeigende Fürwörter), z. B.: *mein, dein, ihr, euer, unser*
- **Indefinitpronomen** (unbestimmte Fürwörter), z. B.: *etwas, manche, niemand, kein ...*
- **Relativpronomen,** z. B.: *Das Buch, das ich lese, ... Der Arzt, dessen Rat ich befolge, ...*

1 **a Setze die Indefinitpronomen aus dem Wortspeicher an der richtigen Stelle ein.**
b Unterstreiche die anderen Pronomen: Personalpronomen (P) grün, Demonstrativpronomen (D) blau, Relativpronomen (R) orange und Possessivpronomen (Poss) rot.

Wortspeicher
allen • sämtliche • einiges • jeder • jedes • keine • alle • keine • jeder • niemand • manche

Wolken – lebensnotwendig für ____________ Lebewesen

Kumulus, Stratus, Zirrus – das sind ____________ Legionäre aus „Asterix und Obelix", sondern Wolkenformen. ____________, die sich damit beschäftigen, verraten sie ____________ über das Wetter von morgen. Wolken sind lebensnotwendig für ____________ Lebewesen, denn sie regeln unseren weltweiten Wasserhaushalt. ____________ Mensch und ____________ Tier benötigt ausreichend Wasser und ____________ Pflanze kann ohne Wasser überleben. Wolken speichern verdunstetes Wasser aus Flüssen, Seen und Meeren, tragen es weiter und verteilen es als Regen schließlich wieder auf der Erde. Doch ____________ Wolken überraschen uns auch mit Blitz und Donner. Man unterscheidet hohe Wolken (in 5–13 km Höhe), mittelhohe Wolken (2–7 km), tiefe Wolken (bis 2 km) und solche, die in ____________ Höhenlage vorkommen. Weil sie sich so schnell verändern, hatte ____________ die Wolken klassifiziert, bis sie vor etwa 200 Jahren der Apotheker Luke Howard erstmals in zehn Gattungen einteilte.

2 **a Setze passende Fragewörter in die Sätze ein.**
b Unterstreiche in jedem Satz ein weiteres Pronomen und kreuze an, um welche Art es sich handelt.

	unterstrichene Pronomen P	Poss	D	Indef
A ____________ kann man etwas über die Wolken erfahren?	☐	☐	☐	☐
B Luisa recherchiert im Internet, ____________ diese Wolkengattungen heißen.	☐	☐	☐	☐
C ____________ findet Paul in seinem Lexikon?	☐	☐	☐	☐
D Sina fragt die Buchhändlerin, ____________ Sachbuch sie empfiehlt.	☐	☐	☐	☐

Stärken stärken: Adverbien

Information **Adverbien** (Umstandswörter; Sg.: das Adverb)

Adverbien (von lat. *adverbium* = bei dem Verb) beziehen sich auf das Verb in einem Satz und beschreiben die genaueren Umstände eines Geschehens, nämlich:

- **Wann? – Adverbien der Zeit,** z. B. *neulich, manchmal, heute, danach – In den Alpen schneit es häufig.*
- **Wo? – Adverbien des Ortes,** z. B. *draußen, darunter, links, überall – Dort kann es Lawinen geben.*
- **Wie? – Adverbien der Art und Weise,** z. B. *umsonst, gern, sowieso – Viele sind nicht unbedingt vorsichtig.*
- **Warum? – Adverbien des Grundes,** z. B. *deshalb, deswegen, darum – Deshalb geschehen oft Unfälle.*

●○○ 1 **a In diesem Text sind die Buchstaben der Adverbien durcheinandergeraten, lediglich der erste ist an seinem Platz verblieben. Fülle die Lücken, indem du die Buchstaben in die richtige Reihenfolge bringst.**

Wenn der Hang rutscht

Lawinen sind große Schneemassen, die sich von Bergen lösen und arsätwb *abwärts* gleiten. Imemr ______ wenn es im Hochgebirge stark schneit, steigt smoti ______ die Gefahr, dass dtro ______ Lawinen entstehen. Bsnosedre ______ gefährlich wird es, wenn idogewrn ______ Neuschnee auf eine fest gefrorene Schneedecke fällt. Das Gewicht des Neuschnees drückt sßihlclchei ______ nach utnne ______. jttez ______ kann es dslhbea ______ zum Abrutschen von Schneeflächen kommen. Drmau ______ wurden Schutzmaßnahmen ergriffen.

b Erstelle eine Tabelle nach folgendem Muster in deinem Heft und ordne alle Adverbien aus dem Text ein.

Adverb der Zeit	Adverb des Ortes	Adverb der Art/Weise	Adverb des Grundes
	abwärts		

●●○ 2 **Setze passende Adverbien aus dem Wortspeicher in die Lücken unten ein. Ordne sie dann in eine Tabelle wie in Aufgabe 1 ein.**

Wortspeicher
allerdings • deswegen • häufig
irgendwie • leider • überall

Den besten Schutz bieten Wälder – ______ gibt es fast ______ spezielle Aufforstungsprogramme. ______ werden auch künstliche Schutzbauten erstellt, welche die niedergehenden Lawinen ______ bremsen, ablenken oder stoppen sollen. Diese sind ______ ______ sehr teuer.

●●● 3 **Unterstreiche in den folgenden Sätzen die fünf Adverbien und ordne sie in eine Tabelle wie in Aufgabe 1 ein.**
Vorsichtshalber nehmen inzwischen viele Wintersportler einen Lawinenpiepser und einen Lawinenairbag mit. In den Alpen können daher erfreulicherweise jährlich zahlreiche Menschen gerettet werden.

Stärken stärken: Präpositionen

Information **Präpositionen**

Präpositionen zeigen **lokale, temporale, kausale oder modale Beziehungen** zwischen Lebewesen, Gegenständen oder Vorgängen an, z. B.: *auf dem See, vor dem Orkan, wegen eines Gewitters, mit meinem Freund.* Die Präposition bestimmt den Kasus des folgenden Nomens bzw. Pronomens, z. B.: *wegen des Seegangs* (Genitiv), *zu dem Steg* (Dativ), *durch ihn* (Akkusativ). Die **Wechselpräpositionen** *in, auf, vor, hinter, unter, über, neben, an, zwischen* fordern manchmal den Dativ (↗ Wo?), manchmal den Akkusativ (↗ Wohin?), z. B.: *Er sitzt in dem Boot* (Dativ). – *Er springt in das Boot* (Akkusativ).

●○○ 1 **Ergänze die passenden Präpositionen aus dem Wortspeicher und setze die Wörter in Klammern im richtigen Kasus ein.**

Wortspeicher

auf • ~~bei~~ • durch • für • in • mit • mit • nach • über • wegen

Flaschen-Tornado

Tornados, die bei uns (wir) Windhosen genannt werden, kommen vor allem ________ ________ (die große Landmasse) Nordamerikas vor. ________ (der folgende Versuch) lässt sich ihre Entstehung verdeutlichen. ________ (ein Flaschen-Tornado) braucht man zwei Flaschen. Ihre Schraubverschlüsse werden aneinandergeklebt, durchbohrt und mit Isolierband umwickelt. Eine der Flaschen wird zu zwei Dritteln mit Wasser gefüllt. Nun schraubt man die leere Flasche ________ (die gefüllte Flasche). ________ (der Versuchsaufbau) wird das Gebilde umgedreht und ________ (die Hände) ________ (eine Kreisbewegung) versetzt. ________ (die Fliehkraft) wird das Wasser an die Außenwand gedrückt. ________ ________ (der entstandene Luftkanal) kann die Luft aufsteigen und das Wasser abfließen.

●●○ 2 **Bearbeite Aufgabe 1. Umkreise dann weitere Präpositionen, die im Text versteckt sind.**

●●● 3 **Umkreise alle Wechselpräpositionen im Text unten. Notiere in Klammern, welcher Kasus jeweils auf die Wechselpräposition folgt:** *D* **für Dativ und** *A* **für Akkusativ. Ergänze dann die Nomen im passenden Kasus.**

Tornados sind Wirbel aus (___) ________ *(Luft)*. Besonders häufig treten sie in (___) ________ ________ *(der Westen der USA)* auf, in (___) ________ *(die Region)* Tornado Alley, Tornado-Gasse. Dort gibt es sogar sogenannte Tornadojäger, die sich in (___) ________ *(das Geschehen)* wagen, um weitere Erkenntnisse über Tornados zu gewinnen. Sie helfen der Forschung, Frühwarnsysteme einzurichten, damit die Menschen rechtzeitig gewarnt werden und sich in (___) ________ *(Sicherheit)* bringen können.

Teste dich!

Wörter und Wortarten

1 **Trage die Fachbegriffe für die Wortarten an der richtigen Stelle ein. (8 P.)**
Hinweis: Prüfe für die Zuordnung, ob und auf welche Weise du die Wortart beugen kannst.

Verb	Artikel	Pronomen	Konjunktion	Adjektiv	Nomen	Adverb	Präposition

Personalpronomen *ich, du, er/sie/es, wir, ihr, sie*

Possessivpronomen *mein, dein, unser, euer …*

Demonstrativpronomen *dieser, jener, der, das …*

Indefinitpronomen *kein, jemand, etwas, alle …*

bestimmt *der, die, das …*

unbestimmt *ein, eine, eines …*

Steigerung
Positiv (Grundform): *hoch*
Komparativ (1. Steigerungsstufe): *höher*
Superlativ (2. Steigerungsstufe): *am höchsten*

A ____________ (auch: Hauptwort) *Jongleur, Bühne, Clown*

B ____________ (Stellvertreter/Fürwort)

C ____________ (Begleiter)

D ____________ (Eigenschaftswort) *bunt, gelenkig, freundlich, musikalisch*

„deklinieren" (beugen)

„konjugieren" (beugen)

nicht beugen

E ____________ (Tätigkeitswort) *werfen, schwingen, staunen*

- **Imperativ**
- **Personalendung** (Person, Anzahl)
- **Zeitform** (Tempus)
  - **Futur**
  - **Präsens**
  - **Perfekt**
  - **Präteritum**
  - **Plusquamperfekt**
- **Aktiv – Passiv**
- **Indikativ – Konjunktiv**

F ____________ (Bindewort) *und, denn, weil, als, dass …*

G ____________ (Umstandswort) *abends, dort, bald, paarweise …*

H ____________ (Verhältniswort) *auf, an, mit, in, unter …*

Überprüfe deine Lösungen mit Hilfe des Lösungshefts.

☺ 8–6 Punkte	☺ 5–4 Punkte	☹ 3–0 Punkte
Gut gemacht!	Gar nicht schlecht, aber lies dir die Merkkästen auf den Seiten 48 bis 51 noch einmal genau durch.	Arbeite die Seiten dieses Kapitels noch einmal sorgfältig durch.

Verben: Zeitformen

Information **Zeitformen des Verbs**

Verben geben an, was jemand tut oder was geschieht. Sie lassen sich in verschiedene Zeitformen (Tempora) setzen: Präsens, Präteritum, Perfekt, Plusquamperfekt, Futur I und Futur II.

1 **Setze die Ziffern 1 bis 6, die für die jeweilige Zeitform stehen, an der richtigen Stelle ein.**

Zeitform		Verwendung		Bildung		Beispiel
1	**Präsens**	3	Wenn man mündlich von Vergangenem erzählt.		Hilfsverb *werden* + Infinitiv		*ich sagte* *er ging*
2	**Präteritum**		Wenn man von einem zukünftigen Ereignis berichten will.		Wortstamm + Personalendung		*ich hatte gesagt* *er war gegangen*
3	**Perfekt**		Wenn man schriftlich von Vergangenem erzählt oder berichtet.		schwaches Verb: Wortstamm + *-te* starkes Verb: Stammvokal ändert sich		*ich werde gesagt haben* *er wird gegangen sein*
4	**Plusquamperfekt**		Wenn man von etwas erzählt, das im Moment passiert, das allgemein gültig ist oder das (mit Zeitangabe) zukünftig geschehen wird.		Hilfsverb *haben/sein* im Präsens + Partizip II		*ich habe gesagt* *er ist gegangen*
5	**Futur I**		Wenn man eine Vermutung aufstellt oder ein zukünftiges Geschehen so betrachtet, als sei es abgeschlossen.		Hilfsverb *werden* + Partizip II + Hilfsverb *haben/sein*		*ich sage* *er geht*
6	**Futur II**		Wenn man von einem Ereignis in der Vergangenheit berichtet und auch noch mitteilen will, was davor geschehen ist.		Hilfsverb *haben/sein* im Präteritum + Partizip II		*ich werde sagen* *er wird gehen*

2 **Unterstreiche die Verbformen. Bestimme anschließend Person, Numerus und Zeitform und ergänze den Infinitiv.**

A Wasser ist die Grundlage allen Lebens auf der Erde. *3. Pers. Sing. Präsens (sein)*

B Es kommt dabei in ganz unterschiedlichen Formen vor. ______

C Schon in unserer Kindheit hatten uns die fröhlichen Tänze der Schneeflocken verzückt. ______

D Später fuhren wir lieber mit dem Schlitten die steilsten Berge hinab. ______

E Sicherlich hast du auch schon von Eisbergen gehört. ______

F Das Vorkommen von Eisbergen hat dabei immer wieder zu verhängnisvollen Katastrophen geführt. ______

G Durch das Abschmelzen der Polkappen wird dies zukünftig wohl noch zunehmen. ______

3 **Trage die passende Zahl in die Kästchen ein: Der Satz steht im Plusquamperfekt 1, im Perfekt 2, im Präteritum 3, im Präsens 4, im Futur 5.**

Auch eine der bekanntesten Katastrophen der Geschichte hängt direkt mit der Einwirkung von Wasser zusammen ☐. Jeder kennt das Schicksal der „Titanic“ ☐. Dieses Unglück war so unvorstellbar ☐, dass man sich noch Jahrhunderte später daran erinnern wird ☐. Am 14. April 1912 gegen 23:40 Uhr kollidierte das bis dahin größte Schiff der Welt mit einem mächtigen Eisberg im Nordatlantik ☐, nachdem es nur wenige Tage zuvor zu seiner Jungfernfahrt ausgelaufen war ☐. Das Gewicht des Eisbergs wird heute auf rund 300 000 Tonnen geschätzt ☐. Wahrscheinlich war er von einem Gletscher in Grönland abgebrochen und ins offene Meer getrieben ☐. Innerhalb von nur zweieinhalb Stunden versank die „Titanic“ und riss rund 1 500 Menschen mit in den Tod ☐. Heutzutage verhindert moderne Technik oft Unglücke dieses Ausmaßes ☐.

4 **Ergänze passende Zeitformen. Manchmal gibt es auch mehrere Möglickeiten.**

Als Eisberge __________ (bezeichnen) man mächtige, im Meer schwimmende Eismassen. Sie __________ (stammen) zumeist aus Grönland oder aus der Antarktis, wo sie von Gletschern oder Schelfeisflächen __________ (abbrechen) und ins offene Meer __________ (treiben). Aufgrund ihrer Herkunft __________ (bestehen) sie aus Süßwasser. Nur gut ein Siebtel des Eisbergs __________ (liegen) über der Meeresoberfläche. Da sich Eis unter Wasser meist horizontal ausdehnt, __________ (führen) dies schon früher sehr oft zu schweren Fehleinschätzungen. 1956 __________ (entdecken) man im südlichen Pazifik den bislang größten Eisberg mit einer Fläche von 31 000 km^2. Durch die globale Erwärmung und das Abschmelzen der Polkappen __________ zukünftig Eisberge in zunehmenden Mengen von den Gletschern der Antarktis und auf Grönland __________ (abbrechen) und in die offene See __________ (treiben).

Verben: Die indirekte Rede – Der Konjunktiv

Information | **Der Konjunktiv in der indirekten Rede**

Um wörtliche Aussagen wiederzugeben, verwendet man die **indirekte Rede.** Verben, die in der direkten Rede im **Indikativ** (Wirklichkeitsform) stehen, formt man dazu in den Konjunktiv (Möglichkeitsform) um, z. B.:

- *Der Lehrer behauptet: „Jedes Lebewesen auf der Erde braucht Wasser."* (Wörtliche Rede im Indikativ)
- *Der Lehrer behauptet, jedes Lebewesen auf der Erde brauche Wasser.* (Indirekte Rede im Konjunktiv I)

Bei der indirekten Rede verwendet man normalerweise den **Konjunktiv I.** Er wird gebildet, indem man an den Stamm des Verbs (Infinitiv ohne -en bzw. -n) die entsprechende Personalendung anfügt, z. B.:

Indikativ Präsens:	*ich trinke*	*du trinkst*	*er/sie/es trinkt*	*wir trinken*	*ihr trinkt*	*sie trinken*
Konjunktiv I:	*ich trinke*	*du trinktest*	*er/sie/es trinke*	*wir trinken*	*ihr trinket*	*sie trinken*

1 **Fülle den Lückentext aus. Verwende den Konjunktiv I.**

Zum Thema „Wasser" erklärt der Lehrer, die Geschichte der Menschheit sei (ist) schon immer eng mit dem Element Wasser und seiner Nutzung verbunden. Bis heute, so fährt er fort, ____________ (besteht) ein Konflikt zwischen einem Zuviel und einem Zuwenig an Wasser. Die Schüler fragen, was das zu bedeuten ____________ (haben). Das ____________ (ist) sehr einfach, antwortet der Lehrer, denn einerseits ____________ (können) durch den Mangel an Wasser die Ernte vernichtet werden. Andererseits ____________ (bedrohen) Hochwasser das Leben der Menschen und ____________ (zerstören) deren Besitz.

2 **Forme den Indikativ Präsens in den Konjunktiv I um. Die Buchstaben in den markierten Kästchen ergeben, in der richtigen Reihenfolge gebraucht, ein Lösungswort. Es benennt eine deutsche Stadt, die immer wieder von Hochwasser bedroht wird.**

1 ich singe
2 ihr meint
3 ihr geht
4 du hast
5 ihr backt
6 sie bringen
7 du besuchst

Ihr Name ist:

Verben: Aktiv und Passiv

Information | **Aktiv und Passiv der Verben**

Das **Aktiv** und das **Passiv** sind zwei Verbformen, mit deren Hilfe man Handlungen und Vorgänge unterschiedlich darstellen kann. Man kann aus **zwei Perspektiven** darauf schauen:

1 Im **Aktiv** wird der Handlungsträger (Handelnde) betont. Es ist wichtig, **wer** handelt/etwas tut, z. B.: *Leonardo da Vinci erfand viele verschiedene Flugapparate.*

2 Im **Passiv** steht die Handlung / der Vorgang im Mittelpunkt. Betont wird, **was** geschieht, z. B.: *Viele verschiedene Flugapparate wurden von Leonardo da Vinci erfunden.*

Das Passiv wird meist mit einer Form von „werden" und dem Partizip II des Verbs gebildet, z. B.: *fliegen – wird geflogen, erfinden – wird erfunden, landen – wird gelandet*

1 **a Kreuze die Sätze an, in denen ein Handlungsträger genannt wird.**
b Unterstreiche in den angekreuzten Sätzen den Handlungsträger.
c Kreuze unten an, ob diese Sätze im Aktiv oder im Passiv stehen.

☐ A Schon früh träumten die Menschen vom Fliegen.

☐ B Im 15. Jahrhundert wurde ein Flugapparat entwickelt.

☐ C Der Erfinder Leonardo da Vinci orientierte sich dabei am Flug der Vögel.

☐ D Gebaut und erprobt wurde dieser leider nie.

Die angekreuzten Sätze stehen im ☐ **Aktiv** ☐ **Passiv**

2 **Die folgenden Sätze über den Berliner Flugpionier Otto Lilienthal stehen im Aktiv. Wandle sie ins Passiv um.**
Hinweis: Markiere die Akkusativobjekte, bevor du ins Passiv umschreibst.

In einem Aktivsatz ist der Handelnde immer das Subjekt. Wandelt man einen Aktivsatz in einen Passivsatz um, so wird das **Akkusativobjekt** (Wen oder was?) des Aktivsatzes zum **Subjekt** (Wer oder was?) des Passivsatzes.

Aktiv: *Lilienthal führte einen Flugversuch durch.* Wen oder was?
→ Akkusativobjekt

Passiv: *Ein Flugversuch wurde durchgeführt.* Wer oder was?
→ Subjekt

Ab 1891 erprobte Otto Lilienthal verschiedene Flugapparate.

____

____

In Lichterfelde bei Berlin schüttete man für ihn einen 15 m hohen Hügel auf.

____

____

Von diesem „Fliegeberg" absolvierte er über 1000 Flüge bis ca. 80 m Weite.

____

Otto Lilienthal unternahm die ersten erfolgreichen Gleitflüge.

____

Stärken stärken: Aktiv und Passiv

Information **Passiv aus Informationsmangel / als Informationsriegel**

- In einem **Passivsatz** kann der Handlungsträger ergänzt werden, z. B.:
  Gestern wurde im Museum ein wertvolles Gemälde von einem bekannten Kunsthändler entwendet.
- In einem **Passivsatz** kann der **Handlungsträger** aber auch völlig weggelassen werden, z. B.: wenn er unbekannt oder unwichtig ist oder dieser aus bestimmten Gründen nicht genannt werden soll, z. B. um eine betroffene Person zu schützen oder verantwortliche Täter zu verschleiern.

Aktiv (Tatsache): *Ein bekannter Kunsthändler entwendete ein wertvolles Gemälde aus dem Museum.*
Passiv (Zeitungsschlagzeile): *Wertvolles Gemälde wurde aus Museum entwendet.*

●○○ 1 a **Lies die Aussagen in den Sprechblasen von Museumsdirektor Hochstedt und Wachmann Kowalsky.**
b **Aktiv oder Passiv? Markiere in den Aussagen die Verben im Aktiv in Rot und im Passiv in Blau.**
c **Schreibe die Verben im Aktiv jeweils im Passiv in dein Heft, z. B.:**
ich habe die Polizei gerufen = sie ist gerufen worden.
Tipp: Für fünf Verben gibt es keine sinnvolle Passivform.

Diebe in der Luft

Museumsdirektor Hochstedt:
Ich habe die Polizei wegen eines Diebstahls gerufen. Dabei wurde ein wertvolles Gemälde gestohlen. Es wurde gerade ins Museum gebracht, als die Tat geschah.

Wachmann Kowalsky:
Die Diebe steuerten das seltsame Fluggerät über uns hinweg und landeten es hundert Meter weiter. Mithilfe eines Hakens an einem Seil wurde die Kiste mitgerissen. Die Diebe flüchteten mit einem Wagen. Das Fluggerät ließen sie zurück.

Hausmeister Trödel:
Die Kiste mit dem Gemälde wurde gerade in das Museum transportiert. Wegen des ungewöhnlichen Tumults ließen die Wachleute die Kiste kurze Zeit aus den Augen.

Kommissar Schibulske:
Wir suchen die Diebe. Darum bitten wir alle Besucher und Mitarbeiter des Museums um sachdienliche Hinweise.

Rosalinda Rothwein:
Auf dem Nebengebäude habe ich Männer beobachtet. Sie trugen ein seltsames Gefährt, das wie ein Drachen aussah. Mit einem Mal sprangen sie vom Dach und schwebten über dem von Wachpersonal gesicherten Vorplatz des Museums.

●●○ 2 a **Lies die Aussagen in den Sprechblasen oben. Markiere die Darstellungen des Geschehens in Gelb, die Handlungsträger (Wer oder was …?) in den Aktivsätzen in Grün.**
b **Wandle die Aktivsätze ins Passiv um. Schreibe sie in dein Heft.**

●●● 3 **Bearbeite Aufgabe 2. Schreibe dann über diesen Diebstahl einen Zeitungsartikel im Passiv. Formuliere Aussagen, die das Geschehen benennen, nicht aber die Handlungsträger. Du kannst so beginnen:**
Spektakulärer Diebstahl im Städtischen Museum – Polizei bittet um Hinweise
Gestern wurde die Polizei wegen eines ungewöhnlichen Diebstahls zum Städtischen Museum gerufen …

Teste dich!

Rund ums Verb

1 **a Kreuze an, ob es sich um einen Aktiv- oder Passivsatz handelt. (5 P.)**
b Benenne jeweils die Zeitform des Satzes. (5 P.)

	Aktiv	Passiv	Zeitform
A Das erste Motorflugzeug der Welt war zu Beginn des 20. Jahrhunderts von den Brüdern Wright entwickelt worden.			
B 1899 begannen sie mit dem Bau eines Gleitapparats.			
C 1903 versahen sie diesen mit einem Motorpropeller.			
D Am 17. Dezember 1903 wurde ihr erstes Motorflugzeug fertiggestellt.			
E Der „Wright Flyer" schwebte 12 Sekunden durch die Luft.			

2 **Forme den folgenden Satz um: den Satzteil im Passiv ins Aktiv, den Satzteil im Aktiv ins Passiv. (2 P.)**

Der „Wright Flyer" wurde noch am selben Tag durch eine Windbö zerstört, sodass man ihn später nur noch als Ausstellungsstück im Smithsonian Museum in Washington unterbrachte.

3 **Für einen Zeitungsartikel gibt der Leiter des Smithsonian Museums Auskunft auf Fragen zum „Wright Flyer". Forme seine Antworten in indirekte Rede um. Verwende den Konjunktiv. (3 P.)**

„Der Erstflug des Wright Flyers hat in Kitty Hawk, North Carolina, stattgefunden."

Der Direktor erklärt, der Erstflug

„Am 17. Dezember sind die Brüder Wright vier Mal in die Lüfte gestiegen."

„Der letzte Flug an diesem Tag hat 59 Sekunden gedauert."

Prüfe deine Lösungen mit Hilfe des Lösungshefts. Für jede richtige Antwort erhältst du einen Punkt.

☺ 15–12 Punkte	☺ 11–7 Punkte	☹ 6–0 Punkte
Gut gemacht!	Gar nicht schlecht, aber lies dir die Merkkästen auf den Seiten 53 bis 57 noch einmal genau durch.	Arbeite die Seiten dieses Kapitels noch einmal sorgfältig durch.

Satzglieder unterscheiden

Information **Satzglieder erkennen und bestimmen**

- Mit der **Umstellprobe** stellst du fest, wie viele Satzglieder ein Satz hat. Die Wörter, die dabei zusammenbleiben, bilden ein Satzglied, z. B.: Erfinder sind oft sehr berühmt. → Oft sind Erfinder sehr berühmt.
- Der Aufbau eines Satzes lässt sich sehr gut mit dem **Feldermodell** (▶ Aufgabe 2) darstellen.
- Mit der **Frageprobe** ermittelst du, um welche Art von Satzglied es sich handelt, z. B.:
  Manche berühmten Erfinder entwickelten schon in früher Kindheit große Neuerungen.

Frage:	Wer oder was?	↓	Wann?	Wen oder was?
	↓	↓	↓	↓
Satzglied:	Subjekt	Prädikat	adverbiale Bestimmung	Akkusativobjekt

1 **Füge die folgenden Fachwörter für die Satzglieder an der richtigen Stelle in die Übersicht ein.**

Objekte | Subjekt | adverbiale Bestimmungen | Prädikat

Satz

Satzglieder

A ____________ Wer oder was?

B ____________

C ____________
- **Genitivobjekt** Wessen?
- **Präpositionalobjekt** Wofür? Worauf? Womit? Wonach? Der Kasus richtet sich nach der Präposition beim Verb.
- **Akkusativobjekt** Wen oder was?
- **Dativobjekt** Wem?

D ____________ ____________
- **der Art und Weise?** Wie?
- **des Grundes** Warum?
- **der Zeit** Wann?
- **des Ortes** Wo?

Attribut
Teil eines Satzglieds, z. B. des Subjekts, des Objekts, der adverbialen Bestimmung; bleibt bei Umstellprobe mit Bezugswort verbunden

2 **Übertrage den folgenden Satz in deinem Heft ins Feldermodell.**
Stelle den Satz in der Tabelle des Feldermodells dann mit Hilfe der Umstellprobe so oft wie möglich um.

Viele geniale Erfinder haben schon in ihrer Kindheit besondere Ideen entwickelt.

Vorfeld	linke Satzklammer	Mittelfeld	rechte Satzklammer	Nachfeld
Viele geniale Erfinder	*haben*	…	…	–
…	…	…	…	–

Stärken stärken: Satzglieder erkennen und bestimmen

●○○ 1 **a Lies den folgenden Text über die Erfindung des Kaffeefilters.**

1 Früher kochte man gemahlenen Kaffee in heißem Wasser auf.
2 Beim Trinken blieb der Kaffeesatz zwischen den Zähnen hängen.
3 1908 beendete Melitta Bentz das unangenehme Kaffeesatztrinken.
4 Sie durchlöcherte den Boden eines Messingtopfs.
5 Dann suchte sie nach einem möglichst wasserdurchlässigen Papier.
6 Im Schulheft ihres Sohnes fand sie das geeignete Löschpapier.
7 Nun bot sie den gefilterten Kaffee ihrem Mann an.
8 Seitdem erfreut sich der Melitta-Filter großer Beliebtheit.

b Beantworte die folgenden Fragen zum Text und notiere die Antworten. Wende die Frage- und die Umstellprobe an.

A Was sind in den Sätzen 1, 2 und 3 die Subjekte?

Satz 1: ____________________

B Enthält Satz 4 ein Dativobjekt oder ein Akkusativobjekt? ____________________

C Welches Objekt enthält Satz 5? ____________________

D Wie viele Satzglieder enthält Satz 6? ____________________

E Welche Arten von Objekten enthält Satz 7? ____________________

F Mit welchem Satzglied endet Satz 8? ____________________

●●○ 2 **Beantworte die folgenden Fragen zum Text aus Aufgabe 1. Die Informationen auf Seite 59 oben können dir helfen.**

A Welche Attribute enthält Satz 1? ____________________

B Welche adverbialen Bestimmungen enthalten Satz 2 und 3? ____________________

C Welche Satzklammer (▸ Feldermodell, S. 59) findet sich in Satz 7? ____________________

D In welchem Satz findet sich ein Präpositionalobjekt? ____________________

E In welchem Satz findet sich ein Genitivobjekt? ____________________

●●● 3 **Unterstreiche im folgenden Text fünf Präpositionalobjekte. Wende die geeigneten Frageproben an.**

Nicht jeder interessiert sich für neue Erfindungen. Dabei gibt es im Alltag viele Anlässe für Neuerungen. Jens aus Osnabrück zum Beispiel zweifelte an der Ehrlichkeit seiner Freunde. Nachdem er bei Nachforschungen auf dem Dachboden auf eine sonderbare kleine Maschine gestoßen war, hatte er ihnen dies berichtet. Sie schworen einen Eid, dass sie nichts verraten würden. Aber Jens war misstrauisch. Er verband ein Stück Gartenschlauch und einen Trichter mit Klebestreifen zu einem Fernabhörgerät. Am nächsten Schultag bewegte Jens den Schlauch samt Trichter vorsichtig und leise voran, bis dieser den Kreis der Jungen erreichte. Jens lauschte und wartete gespannt auf den befürchteten Verrat. Seine Freunde allerdings lachten laut über ihn!

Das Prädikat – Der Kern des Satzes

Information **Das Prädikat – der Kern des Satzes**

Der **Kern des Satzes** ist das Prädikat. Es steht im Aussagesatz immer an der zweiten Satzgliedstelle. Es gibt Prädikate, die aus einem Teil bestehen (z. B.: *Ich fahre Auto)*, sowie Prädikate, die aus mehreren Teilen bestehen und im **Feldermodell** eine Satzklammer bilden (z. B.: *Ich fahre mit dem Auto weg)*. Zweiteilige Prädikate können auch mit **Modalverben** *(können, sollen, müssen, dürfen, wollen, mögen)* gebildet werden, die dem Vollverb einen bestimmten Aspekt hinzufügen. Dann steht das Modalverb in der Personalform, das zugehörige Vollverb im Infinitiv, z. B.: *Berta Benz will Auto fahren. Ihre Söhne dürfen mitfahren.*

1 **a** **Markiere im Text alle Prädikate. Zeichne, falls nötig, Satzklammern ein.**
b **Umkreise alle Modalverben.**

Große Männer, große Frauen!

Über die Erfindungen großer Männer kann man vieles lesen. Und dabei übersieht man gerne, dass auch Frauen großartige Entdeckungen und Erfindungen gemacht haben. Sicherlich gehört Marie Curie dazu. Als einzige Frau überhaupt konnte sie gleich zwei Nobelpreise in Empfang nehmen: einen für Physik, einen für Chemie. Aber manchmal sind es auch die kleinen Dinge, die Geschichte schreiben.
So weiß wohl jeder, dass Carl Benz das erste vierrädrige Automobil erfunden hat. Aber wer sollte die erste große Automobilfahrt der Weltgeschichte unternehmen? Seine Frau Bertha! Am 5. August 1888 unternahm sie eine 106 Kilometer lange Fahrt von Mannheim nach Pforzheim und fuhr drei Tage später über eine andere Route zurück. Diese erste erfolgreiche Fernfahrt mit einem Automobil fand in Begleitung ihrer beiden 15 und 13 Jahre alten Söhne statt – ihr Mann Carl durfte davon aber nichts wissen ...

Bertha Benz (1849–1944)

2 **a** **Bilde aus den folgenden Schlagzeilen vollständige Aussagesätze. Ergänze, wenn nötig, Wörter oder Satzglieder.**
b **Unterstreiche die Prädikate. Kennzeichne zweiteilige Formen mit einer Satzklammer.**
c **Umkreise alle verwendeten Modalverben. Ein Beispiel hilft dir dabei.**

Melitta Bentz – ihr Kaffeefilter überzeugte selbst schärfste Kritiker!

Der Kaffeefilter von Melitta Bentz konnte selbst schärfste Kritiker überzeugen.
Satzklammer

A Forscherin Marie Curie: Zum zweiten Mal Nobelpreis!

B Erste Fernfahrt des Automobils – Carl Benz nicht dabei!

Adverbiale Bestimmungen – Genaue Angaben machen

Information **Adverbiale Bestimmungen** (auch: Adverbiale, Sg.: das Adverbial)

Adverbiale Bestimmungen sind Satzglieder, die **zusätzliche Informationen über** den **Ort,** die **Zeit,** den **Grund** und die **Art und Weise** eines Geschehens oder einer Handlung geben.
Mit der **Frageprobe** kannst du ermitteln, welche adverbiale Bestimmung vorliegt:

- Wann? Wie lange? Seit wann? Wie oft? **adverbiale Bestimmung der Zeit**
- Wo? Wohin? Woher? **adverbiale Bestimmung des Ortes**
- Warum? Weshalb? Weswegen? **adverbiale Bestimmung des Grundes**
- Wie? Auf welche Weise? Womit? **adverbiale Bestimmung der Art und Weise**

1 **a Ordne den adverbialen Bestimmungen Farben zu. Male dazu die Felder aus.**
b Unterstreiche im nachfolgenden Text zwölf adverbiale Bestimmungen in den vier Farben.

adv. Best. ☐ des Ortes ☐ der Zeit ☐ der Art und Weise ☐ des Grundes

Die Erfinderin mit Durchblick

Im Winter 1903 beobachtete die Amerikanerin Mary Anderson in New York den Verkehr. Bei Schnee und Regen mussten die Fahrer der Straßenbahnen und der ersten Automobile wegen der schlechten Sicht stoppen, aussteigen und von Hand die Windschutzscheibe säubern. Diese lästige und nasse Fahrtunterbrechung konnte Mary Anderson problemlos abschaffen. Sie konstruierte einen Schwingarm mit Gummiblatt, der im Wageninneren mechanisch in Bewegung gesetzt wird: Der Scheibenwischer war erfunden. Auf Grund ihrer Erfindung konnte die geschickte Konstrukteurin im November 1903 ein Patent anmelden. Das praktische Bauteil ist heute in jedem Auto Standard.

2 **a Beschreibe das Bild mit Hilfe der folgenden drei adverbialen Bestimmungen in einem Satz.**

Wortspeicher
zu Beginn des 20. Jahrhunderts • lässig • auf dem Rand eines Korbs

Eine Frau ______________________

____

____

b Bestimme die drei adverbialen Bestimmungen mit Hilfe der Frageprobe.

____

____

____

Stärken stärken: Adverbiale Bestimmungen erkennen und verwenden

●○○ 1 **Trage die folgenden adverbialen Bestimmungen passend in die Übersicht ein.**

an einer Sollbruchstelle | zuverlässig | in den Jahren 1913/14

auf Grund vieler eigener Testflüge | exakt gefaltet | vor ihrer Erfindung

Adverbiale Bestimmung ...			
... der Zeit	... des Ortes	... der Art und Weise	... des Grundes
______	______	______	______
______	______	______	______
______			______
______			______

●●○ 2 **Beantworte zum folgenden Text die Fragen in der Randspalte: Wähle hierzu eine passende adverbiale Bestimmung in der Übersicht von Aufgabe 1 aus und trage sie im Text ein.**

______ erfand Katharina Paulus etwas, *wann?*

das nach ihr vielen Menschen das Leben retten sollte: das Fallschirmpaket.

______ waren Fallschirme sperrige und schwere *wann?*

Tücher, die sich nicht ______ öffneten. K. Paulus verpackte den *wie?*

Fallschirm ______ in einem kleinen Sack, *wie?*

eine kleine Reißleine öffnete den Sack ______, *wo?*

sodass er sich entfaltete. ______ *warum?*

______ konnte sie ihre Erfindung immer perfekter gestalten.

●●● 3 **Erweitere jeden der folgenden Sätze durch alle vier Arten von adverbialen Bestimmungen. Schreibe die erweiterten Sätze auf.**

A Jede kluge Erfinderin tüftelt.

______

______

B Erfindungen entstehen.

______

______

Das Attribut – Teil eines Satzglieds

Information **Attribute (Beifügungen)**

Attribute **bestimmen ein Bezugswort** (meist ein Nomen) näher. Sie sind immer **Teil eines Satzglieds** und bleiben bei der Umstellprobe (▶ S. 59) mit ihrem Bezugswort verbunden. Attribute können mehrteilig sein, sie stehen vor oder nach ihrem Bezugswort. Man kann sie mit **Was für ...?** erfragen.
Attribute gibt es in unterschiedlichen **sprachlichen Formen:**

- **Adjektivattribut,** z. B.: *eine intelligente Frau, die kreative Entwicklung*
- **präpositionales Attribut,** z. B.: *eine Maschine zum Geschirrspülen*
- **Genitivattribut,** z. B.: *die Idee der Erfinderin, das Trocknen des Geschirrs*

1 **a** **Trenne in den folgenden Sätzen die Satzglieder mit senkrechten Strichen | voneinander ab.**
b **Wende die Umstellprobe an und notiere je einen Satz mit anderem Satzanfang.**
Hinweis: Bilde keine Fragen.

A 1903 | nähte | Margarete Steiff | ein neuartiges Spielzeug zum Schmusen.

B Der pelzige Teddybär ist bis heute eine Freude der Kinder.

C Josephine Cochrane erfand 1886 einen hilfreichen Automaten für die Küche.

D Der Geschirrspülautomat mit Motor ersetzte mühsames Spülen von Hand.

E Windelwechseln ohne Mühe verdanken Eltern der experimentierfreudigen Marion Donovan.

F Nach der Erfindung des Windelhöschens entwickelte sie die praktische Windel zum Wegwerfen.

2 **a** **Prüfe für die Sätze von Aufgabe 1, welche Satzglieder Attribute umfassen, und unterstreiche diese Attribute.**
b **Kennzeichne mit einem Pfeil, auf welches Bezugswort sich das jeweilige Attribut bezieht.**

1903 | nähte | Margarete Steiff | ein neuartiges Spielzeug zum Schmusen.

Stärken stärken: Attribute bestimmen

●○○ 1 **a Unterstreiche im folgenden Text sechs weitere Attribute.**
b Bestimme die Form jedes Attributs, indem du das richtige Kürzel darunterschreibst:
Aa = Adjektivattribut, Ga = Genitivattribut, pA = präpositionales Attribut.

Die Abschaffung der Spülhände – Teil 1

Ga

Josephine Cochrane aus dem US-Bundesstaat Illinois gilt als Erfinderin des

pA

Geschirrspülers. Als wohlhabende Frau hat Cochrane zahlreiche Partys gegeben, nach denen Berge von Geschirr gespült werden mussten. Weil zerbrochenes Porzellan sie ärgerte, baute sie ein Gerät für den Abwasch.

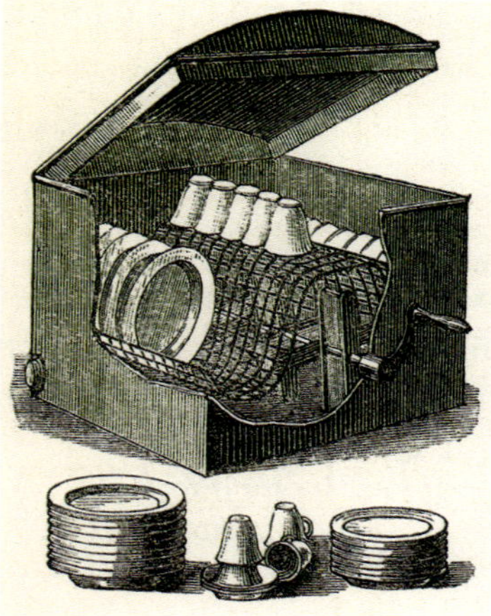

●●○ 2 **a Unterstreiche im folgenden Text sieben Attribute.**
Achte auch auf die Überschrift.
b Bestimme die Form der Attribute, indem du das richtige Kürzel darunterschreibst:
Aa = Adjektivattribut, Ga = Genitivattribut, pA = präpositionales Attribut.

Die Abschaffung der Spülhände – Teil 2

Sie entwarf einen Geschirrhalter aus Drahtbügeln, der in einem großen Waschkessel aus Kupfer montiert wurde. Mit einem Motor wurde das Drahtgestell gedreht. Gleichzeitig pumpte eine Wasserpumpe heiße Seifenlauge in den Kessel. Die entscheidende Idee war es, Wasserdruck einzusetzen. 1886 ließ Josephine Cochrane, die Tochter eines Wasserbauingenieurs, ihren Geschirrspülautomaten patentieren.

c Erweitere den folgenden Satz mit mindestens zwei verschiedenen Attributformen.

Mit einem Motor wurde das Gestell gedreht.

●●● 3 **a Lies den Tippkasten rechts zur Apposition genau.**
b Fasse die Informationen der folgenden Sätze jeweils in einem Satz in deinem Heft zusammen und verwende dazu Appositionen.
Achte auf die Kommasetzung.

Mary Anderson meldete 1903 ein Patent für eine Scheibenwischanlage an.
Mary Anderson arbeitete als Bauunternehmerin und Rancherin in Amerika.
Mary Anderson, eine amerikanische Bauunternehmerin und Rancherin, meldete 1903 ein Patent für eine Scheibenwischanlage an.

A Margarete Steiff gründete die gleichnamige Spielwarenfabrik.
Margarete Steiff wurde trotz ihrer Kinderlähmung eine selbstständige und erfolgreiche Frau.

B Durch die Erfindung der Einwegwindel erleichterte Marion Donovan Millionen von Eltern das Wickeln.
Die Einwegwindel ist ein echter Verkaufsschlager.

> Auch **Appositionen** sind Attribute. Sie stehen meist hinter dem Bezugswort und immer zwischen zwei Kommas:
> *Margarete Steiff, eine gelernte Schneiderin, erfand den Teddy.*

Relativsätze – Attribute in Form eines Nebensatzes

Information **Mit einem Relativsatz näher erklären**

Relativsätze sind **Nebensätze, die ein vorausgehendes Bezugswort** (Nomen oder Pronomen) **näher erklären**. Sie werden mit einem **Relativpronomen** eingeleitet, z. B. *der, die, das, welcher, welche, welches.*
Ein Relativsatz wird immer durch ein **Komma** vom Hauptsatz getrennt. Eingeschobene Relativsätze werden durch zwei Kommas abgetrennt, z. B.: *Ein Nebensatz, der ein Bezugswort näher beschreibt, heißt Relativsatz.*
Relativsätze nehmen im Satz die Rolle eines Attributs ein und werden deshalb auch **Attributsätze** genannt.

1 **a Setze im folgenden Text die fehlenden Kommas.**
b Umkreise die Relativpronomen und unterstreiche die Bezugswörter.

VORSICHT FEHLER!

Die Frau, die die Currywurst erfand

Die Erfindung der Currywurst wird häufig Herta Heuwer zugeschrieben die nach eigenen Angaben erstmals am 4. September 1949 an ihrem Imbissstand der sich in Berlin-Charlottenburg befand eine gebratene Brühwurst in einer Sauce aus Tomatenmark, Curry und weiteren Zutaten anbot. 1959 wurde ihre Sauce die bis weit über die Grenzen Berlins bekannt wurde als Patent eingetragen. Ihr Imbiss der schnell eine feste Institution wurde war Tag und Nacht geöffnet. Seit 2003 befindet sich am ehemaligen Standort eine Gedenktafel die an die große Berlinerin erinnert.

2 **a Forme in den Sätzen unten die unterstrichenen Attribute in Relativsätze um.**
b Umkreise in deinen Sätzen die Relativpronomen. Achte auf die Zeichensetzung.

A Menschen mit einer Liebe zur Currywurst findet man überall.

Menschen, die ______________________________

____

B Je nach Region besteht die Currywurst aus einer gebratenen oder frittierten Brühwurst.

____

____

C An Currywurst interessierte Feinschmecker können auch ins Currywurst-Museum nach Berlin pilgern.

____

____

Teste dich!

Satzglieder und Attribute

1 **Im folgenden Text sind Satzglieder unterstrichen.**
a **Bestimme diese Satzglieder und notiere ihre Bezeichnung unter dem Text. (6 P.)**
b **Einige der unterstrichenen Satzglieder umfassen Attribute.**
Kreise diese Attribute ein. (4 P.)

Leinwandgöttin mit Erfindergeist

Der Hedy-Lamarr-Preis A wird verliehen für besondere Leistungen von Frauen auf dem Gebiet der Nachrichtentechnik. B Hedy Lamarr war ein Hollywoodstar der 1930er und 1940er Jahre. C Ihren Tüfteleien verdanken wir das Frequenzsprungverfahren, das heute der LAN- und Bluetooth-Technik zugrunde liegt. D Auf Grund synchroner Frequenzwechsel bei Sender und Empfänger verhindert dieses Verfahren E das Abhören oder Stören eines Funksignals. Hedy Lamarr und ihr Partner George Antheil setzten F während der Datenübermittlung mittels Funk 88 Kanäle ein.

A ______ B ______ C ______

D ______ E ______ F ______

2 **Ordne die bei Aufgabe 1 umkreisten Attribute in die nachfolgende Tabelle ein. (4 P.)**

Adjektivattribut	präpositionales Attribut
______	______
Genitivattribut	______
______	______

3 **Kreuze für jede Aussage die richtige Ergänzung an. (3 P.)**

A Kein Satzglied ist ☐ das Präpositionalobjekt, ☐ das Genitivattribut, ☐ die adverbiale Bestimmung.

B Es gibt keine adverbiale Bestimmung ☐ des Ortes, ☐ des Grundes, ☐ der Präposition.

C Es gibt ☐ keine adverbiale Bestimmung des Genitivs, ☐ kein Genitivattribut, ☐ kein Genitivobjekt.

Vergleiche deine Ergebnisse mit dem Lösungsheft. Für jede richtige Antwort bekommst du einen Punkt.

☺ 17–14 Punkte	☺ 13–8 Punkte	☹ 7–0 Punkte
Gut gemacht!	Gar nicht schlecht, aber lies dir die Merkkästen auf den Seiten 59 bis 64 noch einmal genau durch.	Arbeite die Seiten dieses Kapitels noch einmal sorgfältig durch.

Sätze abwechslungsreich gestalten

Satzreihe und Satzgefüge

Information **Die Satzreihe** (Hauptsatz + Hauptsatz)

- Ein Satz, der aus **zwei oder mehreren Hauptsätzen** besteht, wird **Satzreihe** genannt. Die einzelnen Hauptsätze werden durch ein Komma voneinander getrennt.
- Häufig werden Hauptsätze durch **nebenordnende Konjunktionen** wie *und, oder, aber, doch, sondern, denn* miteinander verbunden. Nur vor den Konjunktionen *und* bzw. *oder* darf das Komma entfallen, z. B.: *Viele Männer schrieben Geschichte, aber auch Frauen leisteten Großartiges.*
  ______ Hs ______ (Konj.) ______ Hs ______ .

1 **a Setze im Text „Verwegene Frauen" die fehlenden Kommas.**
b Unterstreiche die Hauptsätze und markiere die nebenordnenden Konjunktionen in den Satzreihen.

VORSICHT FEHLER!

Verwegene Frauen

Christoph Kolumbus ist berühmt aber keiner kennt Gudridur Thorbjanardottir oder Annie Smith Peck. Die Wikingertochter Thorbjanardottir betrat immerhin 500 Jahre vor Kolumbus den neuen Kontinent Amerika und die Bergsteigerin Peck bestieg 1933 mit 82 Jahren noch den Mount Madison. Weltumrundungen und wissenschaftliche Entdeckungsreisen waren nur eine Art der Herausforderung denn die Abenteurerinnen der ersten Stunden mussten zunächst noch ganz andere Hürden in einer von Männern dominierten Welt überwinden.

2 **Füge die folgenden Sätze zu sinnvollen Satzreihen zusammen. Verwende passende nebenordnende Konjunktionen. Hinweis: Konjunktionen findest du im Informationskasten oben.**

A Die Französin Jeanne Baret verkleidete sich 1766 als Mann. So konnte sie an einer Pflanzenexpedition nach Tahiti teilnehmen.

______

______

______

B Die Tahitianer waren mit der westlichen Kleiderordnung nicht vertraut. Sie durchschauten ihr Spiel.

______

______

C Trotz dieser Entdeckung wurde Jeanne Baret berühmt. Sie war die erste Frau, die um die Welt gesegelt ist.

______

______

Information **Das Satzgefüge** (Hauptsatz + Nebensatz)

Ein **Satzgefüge** besteht aus **Hauptsatz (Hs)** und **Nebensatz (Ns),** sie werden durch Komma getrennt.
- Der Nebensatz wird mit einer **unterordnenden Konjunktion** (z. B. *weil, nachdem, obwohl, wenn, während ...*) oder mit einem **Relativpronomen** eingeleitet.
- Im Hauptsatz steht die Personalform des Verbs immer an zweiter, im Nebensatz an letzter Satzgliedstelle.
- Man spricht daher im **Feldermodell** bei Hauptsätzen auch von **Verbzweitsätzen** und bei Nebensätzen von **Verbletztsätzen.**
- Ein Nebensatz kann vor, hinter oder innerhalb des Hauptsatzes stehen.

Große Entdeckerinnen kennen wir nur wenige, weil Geschichte oft von Männern gemacht wurde.
——— Hs ———,
(Konj.) ——— Ns ———.

Weil Geschichte oft von Männern gemacht wurde, kennen wir nur wenige große Entdeckerinnen.
——— Hs ———.
(Konj.) ——— Ns ———,

Große Entdeckerinnen kennen wir, weil Geschichte oft von Männern gemacht wurde, nur wenige.
——— Hs ———, ——— Hs ———.
(Konj.) ——— Ns ———,

3 **a** **Umkreise jeweils in beiden Teilsätzen die Personalform des Verbs.**
b **Unterstreiche den Nebensatz.**
c **Markiere die Konjunktion.**
d **Zeichne zu jedem Satz einen Satzbauplan.**

Mary Kingsley schreibt Geschichte

Weil sich Mary Kingsley für Stammesbräuche interessierte, reiste sie 1893 allein nach Westafrika.

(Konjunktion) ——— Ns ———, ——— Hs ———.

A Englische Freunde erklärten sie für verrückt, als sie von ihrem kühnen Plan erzählte.

B Man war entsetzt über ihr Reiseziel, da im Inneren Afrikas viele gefährliche Tropenkrankheiten vorkamen.

C Mary Kingsley ließ sich dennoch nicht entmutigen, obwohl die Gefahren unabsehbar waren.

D Nachdem sie alle Vorbereitungen getroffen hatte, brach sie per Schiff nach Afrika auf.

4 **Übertrage die Nebensätze aus Aufgabe 3 in die Tabelle des Feldermodells (► S. 59).**
Arbeite in deinem Heft.
Achtung: Bei Nebensätzen besetzt die einleitende Konjunktion die linke Satzklammer.
Das Vorfeld bleibt leer.

Adverbialsätze – Satzgefüge bilden

Information **Die Adverbialsätze**

Je nach Funktion im Satz unterscheidet man unterschiedliche Arten von Nebensätzen. Nebensätze können die Stelle von Satzgliedern übernehmen. Man nennt sie dann **Gliedsätze.** **Adverbialsätze** sind Gliedsätze, weil sie die **Stelle einer adverbialen Bestimmung** einnehmen, z. B.:

Wegen der Benachteiligung von Frauen musste sich Mary Kingsley ihren Weg hart erkämpfen.
adverbiale Bestimmung
↓
Weil Frauen benachteiligt wurden, musste sich Mary Kingsley ihren Weg hart erkämpfen.
Adverbialsatz (mit einleitender Konjunktion *weil)*

Adverbialsätze werden meist mit einer **unterordnenden Konjunktion** eingeleitet. Sie können nicht ohne Hauptsatz stehen und werden **immer** durch ein **Komma** von diesem abgetrennt.

1 a **Verbinde die folgenden Sätze mit Hilfe der angebotenen Konjunktionen zu Satzgefügen. Schreibe diese auf und achte auf die Kommasetzung.**
b **Unterstreiche in deinen Satzgefügen jeweils den Adverbialsatz und umkreise die Konjunktion.**

A Die Afrikaforscherin Mary Kingsley war ins Landesinnere Afrikas vorgedrungen. Sie erforschte die Gegenden um Niger und Cross River. — nachdem

B Viele Europäer trugen Gewehre und Messer. Sie konnten sich so vor den Eingeborenen schützen. — damit

C Mary Kingsley war stets unbewaffnet. Sie vertraute auch in gefährlichen Situationen auf ihre Worte. — weil

D Die Eingeborenen hatten schnell Respekt vor ihr. Sie nannten Mary Kingsley manchmal sogar „Sir“. — sodass

Stärken stärken: Adverbialsätze erkennen und unterscheiden

Information **Gliedsätze: Adverbialsätze**

Mit der **Frageprobe** kannst du näher bestimmen, welche Art von Adverbialsatz vorliegt:

Adverbialsatz	Frageprobe	Konjunktionen	Beispiel
Temporalsatz (Zeitpunkt/-dauer)	Wann? Seit wann?	*als, nachdem, während, bevor*	*Nachdem Mary Kingsley Afrika erforscht hatte, kehrte sie nach England zurück.*
Kausalsatz (Grund, Ursache)	Warum? Aus welchem Grund?	*da, weil*	*Sie war nun eine Berühmtheit, da sie viele gefährliche Reisen bewältigt hatte.*
Konditionalsatz (Bedingung)	Unter welcher Bedingung?	*wenn, falls, sofern*	*Auch Kollegen lobten sie, sofern diese ihren männlichen Stolz überwinden konnten.*
Finalsatz (Ziel, Absicht)	Wozu? In welcher Absicht?	*damit, dass*	*Die Anerkennung ihrer Arbeit war ihr wichtig, damit sie weiter für ihre Überzeugungen kämpfen konnte.*

●○○ 1 a **Unterstreiche in den folgenden Sätzen die Adverbialsätze.**
b **Umkreise die Konjunktionen.**
c **Bestimme mit Hilfe der Frageprobe, um welche Art von Adverbialsatz (▸ Information oben) es sich handelt. Notiere.**

A Weil Mary Kingsleys Leidenschaft für Afrika brannte, kehrte sie 1895 ein drittes Mal zurück.

Art des Adverbialsatzes: ______________________

B Sie starb jedoch mit 38 Jahren, nachdem sie sich als Krankenschwester mit Typhus angesteckt hatte.

Art des Adverbialsatzes: ______________________

●●○ 2 a **Was erklären die unterstrichenen Angaben? Notiere die Fragen in der Randspalte.**
b **Prüfe für jede unterstrichene Angabe, worum es sich handelt, und trage ein:**
aB (adverbiale Bestimmung) oder As (Adverbialsatz).

Nach einem Jahr in Afrika [aB] reiste Mary Kingsley kurz nach England [ ] zurück. Wann? ______

Sie kehrte aber bald wieder, weil sie sich in Afrika wohler fühlte als in England [ ]. ______

In ihrer Heimat [ ] wurde sie schnell sehr berühmt, da sie auf ihren weiteren Rei- ______

sen in Gebiete gelangte [ ], die noch kein Europäer vor ihr betreten hatte. ______

●●● 3 **Unterstreiche in dem folgenden Satz zwei Adverbialsätze und eine adverbiale Bestimmung.**
Notiere über den jeweiligen Textstellen die Art der Adverbialsätze und der adverbialen Bestimmung.

Bevor Mary Kingsley 1895 erneut zurück nach England reiste, bestieg sie schnell den 4070 Meter hohen Kamerun-

berg, weil sie das Abenteuer und die Aussicht reizten.

Teste dich!

Satzgefüge und Satzreihe

1 **Kreuze für jede der folgenden Aussagen an, ob sie zutrifft oder nicht. (6 P.)**

	trifft zu	trifft nicht zu
A Eine Satzreihe enthält nie ein Komma.	☐	☐
B Eine Satzreihe kann durch eine nebenordnende Konjunktion verbunden sein.	☐	☐
C Ein Satzgefüge besteht aus einem Nebensatz und einem Hauptsatz.	☐	☐
D Die Personalform des Verbs steht im Nebensatz immer an letzter Satzgliedstelle.	☐	☐
E Adverbialsätze sind Teil eines Satzgefüges.	☐	☐
F Adverbialsätze haben ihren Namen von den adverbialen Bestimmungen, deren Stelle sie einnehmen.	☐	☐

2 **a Prüfe für jeden der folgenden Sätze, ob es sich um ein Satzgefüge (SG) oder eine Satzreihe (SR) handelt. Notiere hinter jedem Satz jeweils die passende Abkürzung. (5 P.)**
b Markiere unterordnende Konjunktionen gelb, nebenordnende Konjunktionen grün und Relativpronomen (▶ S. 66) blau. (5 P.)

links:
Königin Victoria (1819–1901)
rechts:
Königin Elisabeth I (1533–1603)

Oft war es Zufall oder Mangel an männlichen Alternativen, **wenn** Frauen ins Zentrum des Weltgeschehens rücken konnten (______). Im Lauf der Geschichte gab es nur wenige weibliche Regenten, **denn** meist waren diese von der Erbfolge ausgeschlossen (______). **Wenn** eine Frau aber einmal an der Macht war, dann wusste sie etwas damit anzufangen (______). Die englischen Königinnen Elizabeth I und Victoria prägten ganze Zeitalter, **die** später ihre Namen tragen sollten (______). Dennoch dauerte es in Deutschland bis 2005, **bis** zum ersten Mal eine Frau Bundeskanzlerin wurde (______).

Prüfe deine Lösungen mit Hilfe des Lösungshefts. Für jede richtige Antwort erhältst du einen Punkt.

☺ 16–13 Punkte	☺ 12–8 Punkte	☹ 7–0 Punkte
Gut gemacht!	Gar nicht schlecht, aber lies dir die Merkkästen auf den Seiten 66 und 68 bis 71 noch einmal genau durch.	Arbeite die Seiten dieses Kapitels noch einmal sorgfältig durch.

Zeichensetzung – Kommaregeln

Z

Kommasetzung bei Aufzählungen

Information **Kommasetzung bei Aufzählungen**

- **Kommas** stehen zwischen **aufgezählten Wörtern und aufgezählten Gruppen von Wörtern.**
  → Das **Komma entfällt,** wenn sie durch ***und*** oder ***oder*** verbunden sind, z. B.:
  Nairobi, Kairo ***und*** *Tunis sind afrikanische Großstädte.*
- Das **Komma steht vor** den Verknüpfungen (Konjunktionen) ***aber, jedoch, sondern*** und ***doch.*** Sie leiten einen **Gegensatz** ein, z. B.: *Nairobi, Kairo und Tunis sind afrikanische Städte,* ***aber*** *Athen ist europäisch.*

1 **Erkläre mit Hilfe der Regeln A, B, C die Kommasetzung in den Sätzen 1 bis 3. Setze den richtigen Buchstaben in Klammern hinter die Sätze.**

A Aufzählungen von Wörtern werden durch ein Komma getrennt.
B Aufzählungen von Wortgruppen werden durch ein Komma getrennt.
C Vor Verknüpfungswörtern, die einen Gegensatz einleiten, steht ein Komma.

1 In vielen Städten Afrikas leben Kinder in Slums, die unwirtlich, lebensfeindlich und überbevölkert sind. (____)

2 Zwar verdienen die Menschen meistens etwas Geld, aber für ein gutes Leben einfach nicht genug. (____)

3 Mit 10 € täglich hätte eine achtköpfige Familie in Afrika ein ausreichendes Einkommen, könnte sich gesund ernähren und die Kinder zum Lernen in die Schule schicken. (____)

2 **a Setze in dem folgenden Text die sieben fehlenden Kommas.**
b Unterstreiche die Aufzählungen. Umrahme Verknüpfungswörter, die einen Gegensatz einleiten.

Auch in den Armutsvierteln afrikanischer Städte kann man Obst Gemüse und alle anderen Grundnahrungsmittel kaufen aber nur mit ausreichend Geld. Eine gute Lösung wäre die Selbstversorgung durch eigenen Gemüseanbau. Das nötige feucht-warme Klima wäre vorhanden jedoch leider nicht der nötige Platz. Eine Lösung sind so genannte Sackgärten, in denen Zwiebeln Spinat Kohl und Tomaten angebaut werden. Man braucht nur Platz für zwei Säcke doch man erntet daraus für eine ganze Familie. Die italienische Hilfsorganisation COOPI unterstützt die Anlage von Sackgärten. Ein bepflanzter Sack kostet 15€ aber er liefert sechs Monate lang alle drei bis sechs Tage eine Ernte.

3 **a Verbinde mit Pfeilen die nachstehenden Wortgruppen zu sinnvollen Sätzen.**
b Setze die Kommas. Notiere hinter jedem Satz den richtigen Buchstaben für die Kommaregel aus Aufgabe 1.

Jeder Pflanzsack braucht in seinem Inneren ...	aber er sorgt für eine große Ernte.	
Die Pflanzen wachsen nicht nur oben aus dem Sack ...	Kohl Zwiebeln Paprika.	
Angepflanzt werden Gemüse des täglichen Bedarfs wie ...	sondern auch aus den Seiten.	
Der Sack benötigt nur eine kleine Grundfläche ...	kleine Steine größere Steine gedüngte Erde.	

Kommasetzung in Satzreihen

Z

Information **Kommasetzung in Satzreihen**

Eine **Aufzählung von Hauptsätzen** nennt man eine **Satzreihe** (▶ S. 68).
Man **trennt sie durch Kommas** oder **verbindet sie durch Verknüpfungswörter** (Konjunktionen).

- Vor den Verknüpfungen *und* und *oder* **kann ein Komma** stehen, muss aber nicht, z. B.:
  Mali liegt in Afrika, Timbuktu heißt die Hauptstadt(,) und der Niger ist der größte Fluss des Landes.
- Vor den Verknüpfungen ***aber, doch, sondern, denn*** steht immer ein Komma, z. B.:
  Mali liegt nicht im feuchten Teil Afrikas, sondern es befindet sich in der trockenen Zone südlich der Sahara.

1 **Erkläre mit den Regeln A, B, C die Kommasetzung.**
Setze den richtigen Buchstaben in Klammern hinter die Sätze.

A Hauptsätze werden durch ein Komma voneinander getrennt.
B Vor den Verknüpfungswörtern *und* und *oder* kann ein Komma stehen, muss aber nicht.
C Vor den Verknüpfungswörtern *aber, doch, sondern, denn* steht immer ein Komma.

Kinder in Afrika müssen früh arbeiten, ihre Aufgabe ist häufig die Versorgung mit Holz und Wasser. (____) Sie können oft nicht zur Schule gehen, sondern sie müssen ihrer Familie beim Überleben helfen. (____) Ihre Aufgabe können sie in den trockenen Gebieten oft nur schwer bewältigen, denn es gibt immer weniger Holz (____), die Kinder müssen immer weitere Wege in Kauf nehmen. (____) Ein Solarkocher könnte Holz überflüssig machen(,) und das würde vor allem die Arbeit der Frauen und Kinder vereinfachen. (____)

2 **a Setze in der Fortsetzung des Textes aus Aufgabe 1 die sechs fehlenden bzw. möglichen Kommas.**
b Notiere den Buchstaben aus Aufgabe 1, der die entsprechende Regel für die Kommasetzung nennt.

Mädchen profitieren besonders von den Solarkochern denn sie bekommen Zeit für die Schule. (____) Sie müssen nicht mehr endlos lange Holz für das Feuer sammeln sondern sie können lernen. (____) Leider kann man die Solarkocher nicht überall unproblematisch einsetzen sie passen nicht zu den Lebensgewohnheiten vieler Menschen in Afrika. (____) Zwar scheint in Afrika fast überall die Sonne im Überfluss aber oft wird nur abends gekocht (____) und da scheint die Sonne nicht mehr. (____) Viele Frauen dürfen zudem nicht draußen kochen aber der Kocher funktioniert nicht im Haus. (____)

3 **a Verbinde im Heft die folgenden Hauptsätze.**
b Schreibe einen zusammenhängenden Text und prüfe deine Kommasetzung.

Solarkocher könnten eine Lösung für das knapp werdende Holz sein.	Das ist nicht praktisch.
Wandernde Familien müssen den Kocher mitnehmen und an anderen Stellen wieder aufbauen.	
Sie bergen Gefahren.	Die Spiegel für die Solarkocher können bis zu 300° heiß werden.
Außerdem brauchen Solarkocher viele Schrauben.	Schrauben gehen schnell verloren.
Kinder können sich leicht Verletzungen zuziehen.	

Kommasetzung in Satzgefügen

Z

Information **Kommasetzung in Satzgefügen**

Satzgefüge (mindestens ein **Haupt- und** ein **Nebensatz;** ► S. 69) werden **durch Kommas getrennt.**
Der **Nebensatz** kann **vor** oder **nach** dem Hauptsatz stehen oder **eingefügt** sein, z. B.:

- **vor:** *Wenn Kinder in der Schule lernen sollen, brauchen sie ausreichend Nahrung.*
- **nach:** *Kinder brauchen ausreichend Nahrung, wenn sie in der Schule lernen sollen.*
- **eingefügt:** *Kinder brauchen, wenn sie in der Schule lernen sollen, ausreichend Nahrung.*

1 **Mache dir klar, warum in den folgenden Sätzen Kommas gesetzt wurden. Markiere in den Satzgefügen die Nebensätze. Umrahme die Kommas.**

Hirse ist das Grundnahrungsmittel vieler Menschen in Afrika, weil sie auch unter schwierigen Bedingungen gut angebaut werden kann. Dass sie aber auch sehr gesund ist, ist dabei wichtig für die Ernährungssituation der Menschen. So gilt Hirse, da sie viel Magnesium und Folsäure enthält, auch als Gesundmacher.

2 **Unterstreiche im nachstehenden Text die Nebensätze. Setze die fehlenden Kommas.**

Hirse hat ein kräftiges Aroma das den Hirsebrei sehr schmackhaft macht. Die Hirse wird einfach 30 bis 40 Minuten in Wasser das sie im Topf bedecken muss gekocht. Es gilt in der Regel dass man für ein halbes Pfund Hirse einen halben Liter Wasser nehmen muss. Wenn man Hirse vor dem Garen in einer Pfanne leicht anröstet bekommt sie einen nussigen Geschmack.

3 **a** **Verbinde im Heft die folgenden Sätze mit Pfeilen zu sinnvollen Satzgefügen.**
b **Ordne sie, sodass sich ein sinnvoller Text ergibt. Schreibe ihn auf.**
c **Prüfe deine Kommasetzung.**

Hirsebrei mit Beilage

Alle Gemüsesorten werden geputzt und zerkleinert …	… da er Zutaten für eine Gemüsepfanne liefert.
Für viele afrikanische Menschen gibt es nur Hirsebrei …	… weil nichts anderes vorhanden ist.
Eine Gemüsebeilage ist eine willkommene Abwechslung …	… damit sie schnell garen können.
Der Sackgarten kann eine gute Ergänzung sein …	… wenn beides vorhanden ist.
Das Garen geschieht in einer Pfanne mit Öl …	… weil sie gesund ist und gut schmeckt.

Kommasetzung vor *das* oder *dass*

Information **Nebensätze mit *das* oder *dass* unterscheiden**

Nebensätze, die mit ***das*** oder ***dass*** beginnen, werden durch **Komma** abgetrennt.

- Relativsätze (▶ S. 66) mit ***das*** beziehen sich auf ein sächliches Nomen im Hauptsatz, z. B.:
  *Ein Kind, **das** die Schule besucht, kann seine Zukunft leichter meistern.*
- ***Dass*** dagegen **bezieht sich auf das Verb des vorangegangenen Satzes,** z. B.:
  *Jeder weiß, **dass** Kinder mit Schulbildung bessere Chancen für die Zukunft haben.*

Tipp: Das Relativpronomen „das" kann durch „dies", „dieses" oder „welches" ersetzt werden.

1 **a Setze die notwendigen Kommas vor *das* oder *dass*.**
b Begründe die jeweilige Schreibung von *das* und *dass*, indem du das Bezugswort im Hauptsatz unterstreichst.

Die afrikanische Sahelzone ist ein Gebiet das durch sehr trockenes Klima mit einer Regenzeit im Jahr bestimmt ist. Die Menschen im Norden haben sich in ihrer Lebensweise dadurch angepasst dass sie der Regenzeit mit ihren Tieren von Weideplatz zu Weideplatz hinterherziehen. Das heißt dass auch die Kinder ständig ihren Wohnort wechseln. Im Süden betreiben die Menschen Ackerbau. Auch in diesen Familien ist es so dass die Kinder früh Aufgaben übernehmen. Die Bevölkerung wächst sehr stark. Das bedeutet dass immer größere Flächen für den Ackerbau benötigt werden.

2 **Bilde in deinem Heft mit Hilfe der folgenden Satzbausteine sinnvolle Satzgefüge.**
Leite die Nebensätze mit *das* oder *dass* ein und setze ein Komma davor, z. B.:
Früher war es die Pflicht der Bewohner der Sahelzone, dass man die Bäume pflegte.

Früher war es die Pflicht der Bewohner der Sahelzone ...	Man hat die Bäume einfach abgeholzt.
Später wurde es normal ...	Der Brennholzbedarf muss reduziert werden.
Die Staaten der Sahelzone müssen heute daran arbeiten ...	Man baut Lehmöfen.
Eine Möglichkeit besteht darin ...	Man legt drei Steine auf die Erde und macht ein Feuer.
Das kann man dadurch schaffen ...	Man musste die Bäume pflegen.
Eine afrikanische Feuerstelle zeichnet sich dadurch aus ...	Der Boden muss geschützt werden.
Ein Lehmofen führt dazu ...	Man kann mit viel weniger Holz kochen.
Ein weiterer Vorteil ist ...	Der Ofen kann in Afrika gebaut werden und kostet nicht viel.

Teste dich! – Kommasetzung

1 **Erkläre die Kommasetzung im nachstehenden Text mit Hilfe der Regeln A bis D. Setze den richtigen Buchstaben in Klammern hinter die Sätze. (5 P.)**

A Aufzählung von Wörtern und Wortgruppen	B Satzreihe
C Satzgefüge	D gegensatzanzeigende Verknüpfungswörter

Die Wüste wächst, aber es gibt erste Hoffnungsschimmer. (____)

Der Kampf gegen die Wüstenbildung, gegen Abholzung und Abtragung des Bodens ist eine der größten Herausforderungen in Afrika. (____)

Nur Bäume können letztlich die Austrocknung stoppen, denn sie halten den Wind ab und das Wasser im Boden. (____)

Sie sind so wichtig, weil sie Schatten bieten. (____)

Außerdem locken sie Würmer und Insekten an, ihre Blätter dienen als Dünger. (____)

2 **a Setze im folgenden Text die 13 fehlenden Kommas. (13 P.)**
b Kreuze an, gegen welche Regel am häufigsten verstoßen wurde: (1 P.).

Seit Jahrzehnten versuchen Wissenschaftler Agrartechniker und Hilfsorganisationen die Ausbreitung der Wüste zu stoppen. Trockenperioden Wasserknappheit und der wachsende Bedarf an Feuerholz beschleunigen das Wachsen der Wüsten. Es ist deshalb kein Wunder dass die Länder der Sahelzone wollen dass wieder Bäume in der abgeholzten trockenen Gegend wachsen. In den letzten Jahren haben viele Wissenschaftler experimentiert. Sie haben kleine Bäumchen gepflanzt größere Bäume gepflanzt mit Bewässerung ohne Bewässerung Windfänge errichtet Zäune gezogen aber die Ergebnisse waren kläglich: Mal knabberten Ziegen die jungen Triebe ab dann fegte ein Sandsturm die Blätter von den Zweigen. Oft fällten auch die Bauern die Bäume weil sie Feuerholz gewinnen wollten.

Fehlende Kommasetzung ☐ bei Satzreihen ☐ bei Satzgefügen ☐ bei Aufzählungen

3 **Setze im folgenden Text die acht fehlenden Kommas. (8 P.)**

Im Humbo-Tal im afrikanischen Staat Niger hat man die Begrünung der Sahelzone geschafft aber ganz anders als gedacht. Da wo es eigentlich nichts mehr zu säen und zu ernten gab gibt es jetzt wieder Schatten Gras und anderes Tierfutter. Aber man pflanzt keine neuen Bäume sondern pflegt alte Baumstümpfe die dann wieder Triebe bilden. Viele Kleinfarmer beteiligen sich an der Aktion sie schneiden die Triebe von den Baumstümpfen. Die Zweige bleiben schützend auf dem Boden liegen erst dann dienen sie als Feuerholz. Durch diesen Schutz gegen die Austrocknung werden die Baumstümpfe wieder grün.

4 **Prüfe deine Lösungen und die Punktzahl mit Hilfe des Lösungshefts (► S. 23–24).**

Was kannst du schon? – Rechtschreibstrategien

1 **Prüfe, wie gut du deine Rechtschreibstrategien beherrschst. Ordne die folgenden Wörter in die Tabelle ein: Mit welcher Strategie kannst du die Schreibungen herausfinden? (16 P.)**

Wortspeicher

die Zähne • die Erdkugel • der Zug • die Wegbeschreibung • der Schlüssel • das Pfund • der Ballkünstler • die Zäune • die Winde • die Gemäuer • gesund • der Himmel • die Gesundheit • der Zwerg • die Ernte • aufräumen

2 **Trage das Strategiezeichen für die entsprechende Strategie ein. (4 P.)**

Strategiezeichen	Steht für das:
	Schwingen (Laut-Buchstaben-Zuordnung): Man schreibt, wie man spricht.
	Ableiten: um die Verwechslung von *e* und *ä, eu* und *äu* zu vermeiden.
	Zerlegen: um unklare Stellen in zusammengesetzten Wörtern herauszufinden.
	Verlängern: um unklare Auslaute und Einsilber deutlich zu hören.

3 **a Schreibe die folgenden Wörter richtig auf: Ergänze *i* oder *ie*. (17 P.)**
b Ordne den Wörtern das richtige Strategiezeichen zu. Zeichne es davor. (3 P.)

die L ? be die S ? be der W ? nter z ? ren s ? ben w ? gen l ? gen

z ? ht kr ? cht fl ? ßt z ? rt v ? l schw ? mmt

die Z ? rnaht die Fl ? ßgeschwindigkeit der S ? bdruck die Z ? lgerade

4 **a Wende die Rechtschreibstrategien an:**
Finde in den Sätzen A bis D die Fehlerwörter und verbessere sie. (10 P.)

A Der Sohn schickte seiner Familie eine Grusskarte mit herzlichen Grüssen aus dem Urlaub.
B Das schlechte Wetter liess sie verdriesslich werden, was zu Verdruß bei ihrer Freundin führte.
C Draussen auf der Strasse leuchtete die Strassenlaterne die dunklen Ecken aus.
D Der Schneider braucht das Massband, um die Länge des Kleides zu meßen.

____

____

b s-Schreibung, Großschreibung, Doppelkonsonanten, ie-Schreibung?
Welcher Fehlerschwerpunkt liegt in den Sätze A bis D vor? *Fehler in der* ____________ *-Schreibung* **(1 P.)**

5 **a Markiere die Fehler im folgenden Text. Berichtige sie. (8 P.)**
b Benenne den Fehlerschwerpunkt: *Fehler in der Schreibung des* ______________________ **(1 P.)**

Geocaching – Ein moderner Freizeitspaß

Geocaching ist eine moderne Form der Schnitzeljagd. Wie bei der traditionelen Schnizeljagd wird ein Schatz in der Natur verstekt, den es zu finden gilt. Neu ist aber, dass man für diesen Freizeitspass ein GPS-Gerät benötigt. Der Versteker des Schazes notiert die GPS-Koordinaten der Stele, an der er sein Cache, seinen Schatz, versteckt hat, und veröfentlicht die Daten mit einer Beschreibung des Fundorts im Internet. Die Mitspieler gehen nun mit Hilfe eines Navigationsgeräts los, um den Schatz zu finden.

____

____

____

6 **a Markiere auch die Fehler in der Fortsetzung des Textes. Korrigiere sie direkt im Text. (10 P.)**

b Benenne den Fehlerschwerpunkt: ______________________ **(1 P.)**

Was ist aber nun der schatz? Meistens besteht er aus einem behälter, in dem sich ein Logbuch und vielleicht tauschgegenstände befinden. Für den Schatz lohnt sich die Mühe also nicht. Aber der finder kann sich in das Logbuch eintragen und den Gegenstand eintauschen, und er kann seinen fund im Internet bekannt geben. Er kann auch selber ein neues versteck anlegen und die Koordinaten veröffentlichen. Am wichtigsten ist aber wohl der spass, draußen mit anderen etwas zu unternehmen. Das bewegen in der Natur ist darüber hinaus sehr gesund und schafft einen Sinnvollen Ausgleich zum langen sitzen in der Schule, vor dem Computer und dem Fernseher.

7 **Zähle deine Punkte mit Hilfe des Lösungsbeilegers zusammen (▶ S. 24). Wo hast du noch Probleme?**

Rechtschreibstrategien anwenden

Strategie Schwingen – Wörter deutlich in Silben sprechen

Methode **Wörter schwingen**

Viele deutsche Wörter sind **lauttreu,** d. h.: Wir ordnen **jedem** gesprochenen **Laut Buchstaben** zu.
- Wenn man die Wörter **deutlich in Silben mitspricht,** hört man, **mit welchen Buchstaben sie geschrieben** werden. Das nennt man **Wörter schwingen,** z. B.: *Win ter, Far be, Me lo ne, Schu he, Schach teln.*
- Einige Laut-Buchstaben-Zuordnungen muss man kennen, z. B.: ***„kw“*** schreibt man ***qu*** (*Quelle, Quark*).

1 **a Im folgenden Wortgitter findest du zwölf lauttreue Wörter. Schreibe sie auf und zeichne die Silbenbögen.**

L	K	U	C	H	E	N	A	I	E	L
I	N	B	M	Ä	M	A	L	E	R	Y
P	Q	Ö	R	E	G	E	L	Ä	B	I
K	I	R	S	C	H	E	K	O	F	F
H	G	M	D	O	S	E	S	C	A	K
W	C	S	A	U	E	R	I	D	M	Y
X	Q	U	B	A	U	E	R	N	N	Ö
E	K	F	N	H	Ö	F	E	E	O	E
J	Ö	P	I	N	S	E	L	P	K	W
Y	D	H	E	F	T	E	G	S	N	I
T	S	E	I	F	E	H	O	S	E	T

b Bilde im Heft aus den Wörtern mindestens vier Zusammensetzungen, die lauttreu sind.

2 **Vergleiche die folgenden Wörter in ihrer Schreibung.**
Beschreibe mit Hilfe des nebenstehenden Lückentextes Gemeinsamkeiten und Unterschiede.

niederländisch	deutsch
kwaken	quaken
Kwark	Quark
Kwartier	Quartier
Kwaliteit	Qualität

Man spricht in beiden Sprachen ____________.

Im Niederländischen schreibt man ____________, im Deutschen ____________.

3 **Schreibe die Wörter mit *qu* aus der Textschlange heraus. Füge im Heft bei den Nomen den richtigen Artikel hinzu.**

QUOTEQUADRATQUETSCHUNGQUELLEBEQUEMÄQUATORQUANTUM
QUITTUNGQUETSCHENQUITTENBROTQUIETSCHENQUERSCHNITTQUASTE

Strategie Verlängern – Einsilber und unklare Auslaute

Methode **Wörter verlängern**

- Bei einsilbigen Wörtern und am Wortende gilt die eindeutige Laut-Buchstaben-Zuordnung nicht immer, z. B.: *der Zwer**g**, der Unfa**ll**.*
- Hier hilft die Strategie Verlängern. **Verlängern** heißt: **Man fügt an das Wort eine Silbe an.** Danach kann man die **Wörter wieder schwingen**, z. B.: *die Zwer ge, die Un fäl le.*
- Das Verlängern hilft auch, um die jeweilige **Wortart zu erkennen**, z. B.: *der Zwerg – die Zwer ge = Nomen,* *stellt – wir stel len = Verb,* *krumm – krum mer als = Adjektiv.*

1 **Kreuze an: Welche Wörter werden am Ende anders gesprochen, als sie geschrieben werden?**

☐ das Schaf	☐ der Gepard	☐ das Kamel	☐ der Leopard	☐ der Hund
☐ hell	☐ rund	☐ schön	☐ mild	☐ müd
☐ lebt	☐ hebt	☐ malt	☐ schwimmt	☐ summt

2 **Mit Hilfe der jeweiligen Verlängerung kannst du Verben, Nomen und Adjektive sicher unterscheiden. Ordne die Verlängerungswörter aus Aufgabe 2 richtig in die Tabelle ein.**
Hinweis: Setze Nomen in die Mehrzahl, steigere Adjektive und setze Verben in eine andere Personalform.

Nomen: *die ...*	Adjektive: *... er als*	Verben: *wir ...*

3 **a** **Unterstreiche im folgenden Text zehn Wörter mit einem unklaren Auslaut, die verlängert werden müssen.**
b **Schreibe im Heft die Wörter mit ihren Verlängerungswörtern auf.**

Mongolei – Spiel mit Schafsknochen

Viele Nomadenkinder in der Mongolei haben keine Spielesammlungen. Daher wird häufig mit den Knochen von Schafsgelenken gespielt, die man in der Mongolei Schagei nennt.
Der kleinste Knochen des Knöchels wird als Würfel genutzt, weil er fast viereckig ist. Er zeigt vier verschiedene Positionen an: Schaf, Ziege, Pferd oder Kamel.
Das einfachste Spiel geht so: Man verteilt die Schagei auf dem Boden und wirft den Würfel hoch in die Luft. Solange sich der Würfel in der Luft befindet, muss man mit der Wurfhand möglichst viele Knochen vom Boden aufsammeln. Das braucht großes Geschick.
Wenn die Kinder mit den Schagei Pferderennen spielen, wird eine lange Reihe von Knochen aufgebaut, die festlegt, wie viele Schritte zum Sieg nötig sind. Die beiden Spielpartner legen rechts bzw. links dieser Reihe ihren Spielknochen und würfeln mit insgesamt vier Knöcheln. Aber nur wer ein Pferd würfelt, darf seinen Spielstein weitersetzen. Wer also Glück hat, kann vier Schritte weitergehen, wer Pech hat, kann keinen Schritt tun. Es gewinnt, wer zuerst ankommt.

Einsilbige Verbformen verlängern

Methode **Einsilbige Verbformen richtig verlängern**

- Einsilbige Verbformen kann man durch Verlängern sicher schreiben, z. B.: *Er schreibt – wir schrei* ***ben****.*
- Das Partizip II wird meist mit der Vorsilbe **ge** gebildet. Wenn vorhanden, trennt man diese Vorsilbe ab und verlängert dann den Einsilber, z. B.: *Er hat ge lebt – wir le ben.*

1 **Die Schreibweise einsilbiger Verbformen ist nicht immer hörbar.**

a Markiere in den folgenden Verbformen die Stelle, die man nicht hören kann: ***er/sie/es ...***

Wortspeicher

kennt • lebt • rennt • nennt • kommt • knurrt • bellt • kriegt • birgt • erlebt • verlebt • belebt • bekennt • erkennt • benennt • erstellt • versagt • beklebt

b Kreuze die zutreffenden Aussagen an.

☐ Das *t* am Wortende gehört zu der Verbform.

☐ Die unklare Stelle liegt vor dem *t*.

☐ Das *t* am Ende schreibt man anders, als man es spricht.

c Begründe im Heft die Schreibweise der Verbform durch die Verlängerungsform mit: *wir ...*

2 **a Ordne die folgenden 15 Partizipien passend in das Wortgitter ein.**
b Schreibe daneben ihre Verlängerungsformen auf.
c Suche dir fünf Partizipien aus und bilde Sätze. Schreibe sie ins Heft.

Wortspeicher

erkannt • getrabt • ausgeflippt • geprägt • gefragt • gestellt • bestellt • gekrallt • geschnappt • geschleppt • gelebt • gesagt • erlaubt • geknallt • geschabt

1					E			B					
2					E	S							
3				G	E								
4					E		L						
5					E		R	A					
6					E	F							
7					E				L				
8					E					N			
9					E			Ä					
10					E				L				T
11					E	S							
12					E			I					
13				B	E								
14					E				A				
15					E					L	T		

Strategie Zerlegen – Zusammengesetzte Wörter

Methode **Wörter zerlegen, Bausteine abtrennen, Verlängerungsstellen suchen**

- Verlängerungsstellen in zusammengesetzten Wörtern findet man, indem man sie **zerlegt**, z. B.:
  das Schwimm/bad – denn: schwim men, die Bä der.
- Wenn man **Vor- und Nachsilben abtrennt**, kann man Verlängerungsstellen finden, z. B.:
  end|*los*| – denn: *das En de* *die Blind*|*heit*| – denn: *blin der als.*

Hinweis: An den Nachsilben erkennst du die Wortart, z. B.: *-los, -haft* = Adjektiv; *-heit, -ung, -keit* = Nomen.

1 **a Kreuze an: Welche Wörter muss man zerlegen, weil sich in ihnen Verlängerungsstellen befinden?**

☐ Marmorkuchen	☐ Windbeutel	☐ Pfannkuchen	☐ Sandkuchen
☐ Landbrot	☐ Rosinenbrot	☐ Vollkornbrot	☐ Roggenbrot
☐ Wildbraten	☐ Rindfleisch	☐ Kalbfleisch	☐ Lammwurst

b Zerlege die Wortzusammensetzungen und markiere die unklaren Laute.

c Beweise die Schreibweise durch ein mögliches Verlängerungswort, z. B.: ***Berg werk – denn: die Ber ge.***

2 **a Bilde Wörter, indem du an die Einsilber eine Nachsilbe hängst. Ordne deine Wörter nach ihrer Wortart.**

Land • Freund • Stand • Feind • Tugend • Kind • lieb • wild • rund

\+ *-schaft • -heit • -keit • -nis*

\+ *-los • -lich • -haft*

Nomen	Adjektive

b Zerlege deine Wörter aus Aufgabe 2 a und beweise die Schreibweise durch ein Verlängerungswort.

3 **Bilde im Heft einen Satz mit drei Wörtern aus Aufgabe 2.**

Strategie Ableiten – Wörter mit *ä* und *äu*

Methode **Wörter mit *ä* und *äu* ableiten**

- **Ableiten** heißt: **verwandte Wörter** mit ***a*** und ***au*** finden.
- **Normalerweise** schreibt man ***e*** oder ***eu.***
- Wenn es **verwandte Wörter** mit ***a*** oder ***au*** gibt, dann schreibt man ***ä*** oder ***äu,*** z. B.:

die Welt – aber: *er trägt*, denn: *tragen* *die Leute* – aber: *läuten*, denn: *laut*

Hinweis: Wörter wie *Säbel* und *Bär* muss man sich **merken**.

1 **a Markiere in den folgenden Sätzen die Schreibweise mit *ä* und *äu* mit dem Strategiezeichen: .**

A Die Sonne scheint im Sommer alljährlich prächtig vom Himmel.

B Das Kätzchen schnurrt und hält das glänzende Näschen in die Sonne.

C Damit die Gärten gesäubert werden können, brauchen die Gärtner gutes Wetter.

D Die älteren Bäume spenden den Käuzchen gute Lebensräume.

b Schreibe die Beweiswörter mit *a* oder *au* in die Tabelle.

Wörter mit *ä* – Beweiswort mit *a*	Wörter mit *äu* – Beweiswort mit *au*

2 **Überlege, ob du die nachstehenden Wörter mit *ä* und *äu* ableiten kannst oder ob du sie dir merken musst. Liste die Wörter in deinem Heft so auf:**

Verwandtes Wort mit *a* oder *au*	Merkwort
Ausläufer – auslaufen, ...	*Ähre, ...*

Wortspeicher

~~Ähre~~ • ~~Ausläufer~~ • Äquator • häufig • Ägypten • Betäubung • Geräusch • Bestäubung • äußerlich • säuerlich • einäugig • Knäuel • Wiederkäuer • Käfer • Häsin • Käse • täglich • bäuerlich • fähig • während

3 **Bilde in deinem Heft mit mindestens vier Merkwörtern sinnvolle Sätze.**

Strategiewissen anwenden

1 **a Markiere in dem folgenden Schülertext die 14 Fehlerwörter und schreibe sie richtig darunter.**

VORSICHT FEHLER!

Die Mongolei – Das Leben im Land der Pferde

Manche mongolische Kinder können früher reiten als laufen. Das zeikt, wie wichtik Pferde in der Mongolei sind. Ohne Pferde könnten die mongolischen Nomaden in den weiten Grassteppen kaum überleben.

Heute werden in der Mongolei 2,4 Millionen Pferde zum Reiten und zur Milch- und Fleischgewinnung gehalten. Dabei schätzen die Nomaden besonders die zähen Mongolenponys. Ein solches Tier träkt schwere Lasten und bewältikt mühelos weite Strecken und den schlechtesten Wek. Es lept eigentlich in der Steppe, kan aber auch die extremen Bedingungen im Hochgebirge und in der Wüste aushalten. Dabei mus es mit Temperaturen von -40° Celsius und einer dünnen Grasnarbe unter der Schneedecke zurechtkommen.

Wehrend der eisigen Monate verlassen die Nomaden ihre Jurten, jene traditionellen Runtzelte, und ziehen in einfache Hütten um. Wenn bei -25° Celsius das Feuer ausgeht, wird es jedoch auch darin erbermlich kalt. Dann helfen nur noch wermende Decken. Auf den ersten Blick wirkt das Leben in der Steppe sehr karg und ermlich, aber beim traditionellen Nationalfest der Mongolen „Naadam“, bei dem die elteren und die jüngeren Generationen zusammen feiern, kann man die große Lebensfreude der Steppenbewohner erleben.

zeigt, ______________________________

____

____

b Welche drei Strategien können helfen, diese Fehler zu vermeiden? Kreuze an.

☐ Schwingen ☐ Verlängern ☐ Zerlegen ☐ Ableiten ☐ Merken

2 **Markiere im Text die Fehlerwörter. Ordne sie korrigiert der passenden Strategie zu.**

VORSICHT FEHLER!

Jedes Jahr feiern die Mongolen in der Somerzeit das Naadam-Fest. Dabei stehen drei Veranstaltungen im Vordergrunt: Reiten, Ringen und Bogenschießen. Es ist ein beeindrukendes Spektakel, wenn eine Horde Pferde gleichzeitik über die Steppe jakt. Gestartet wird, je nach Altersklase der Pferde, in 12 bis 35 km Entfernung vom Ziel. Die Jockeys sind Kinder zwischen 6 und 12 Jahren, darunter viele Mädchen. Oftmals benutzen sie nicht einmal Settel, was bei dem hohen Tempo nicht ungefehrlich ist.

Schwingen	Verlängern	Ableiten

3 **Notiere im Heft möglichst viele Wörter mit *a* und *ä* zum Wortstamm *-gefahr-*.**

Stärken stärken: Strategiewissen anwenden

●○○ **1** **a Entscheide dich im folgenden Text jeweils für die richtige Schreibweise: Streiche das Fehlerwort.**

Der junge Mongole Batocha hat nur ein Ziel. Er möchte auf dem *dreitegigen/dreitägigen* Nationalfest der Mongolei auftreten. Bei dem Fest geht es um den *Wettbewerb/Wetbewerb* in den Disziplinen *Rinkkampf/Ringkampf*, Bogenschießen und *Pferderenen/Pferderennen*. Pferderennen werden eigentlich nur von Kindern zwischen 6 und 12 Jahren bestritten. Eigentlich muss der junge Mongole seinem *älteren/elteren* Bruder bei der Arbeit helfen. Seine Aufgabe ist es, die Tiere zu hüten und *Wasser/Waßer* vom Fluss zu holen. Dennoch hat er intensiv und heimlich trainiert. Bei dem wichtigsten mongolischen Fest „Naadam" treffen sich die *bessten/besten* jugendlichen Reiter auf den besten *Rennpferden/Renpferden*. Batocha reitet das Pferd des Onkels, obwohl seine Mutter es nicht will. Sie hat Angst um ihren Sohn, denn die Rennen sind *gefehrlich/gefährlich*. Und gefeiert wird immer nur das Pferd, nicht sein Reiter.

b Kreuze an: Welche Strategien helfen, um die richtigen Schreibungen zu finden?

☐ Schwingen ☐ Verlängern ☐ Zerlegen ☐ Ableiten ☐ Merken

●●○ **2** **Finde im folgenden Text die Fehler in den markierten Wörtern. Schreibe sie verbessert auf.**

Mongolenpferde sind nicht grösser als Ponys. Im Vergleich zu Pferden, wie wir sie kenen, sehen sie eher unscheinbar aus. Nach ihrem Aussehen denkt man nicht unbedingt, dass sie für die Besiedlung der Mongolei so wichtig waren: Sie sind kleinwüchsig, aber kreftig. Ihr Fel ist zottelik und glanzlos, der Kopf im Verheltnis zum Körper zu groß, die Brust zu breit. Auch Namen haben sie nicht, denn sie werden als Arbeitstiere gesehen. Zwar könnten die Tiere keinen Schönheitspreis gewinen, dafür gelten sie als die herteste Pferderasse dieser Welt. Sie entwickelten sich aus den Pferden, die den neunmonatigen Höhenwinter in der Steppe mit eißkalten Temperaturen und Stürmen und wenik Graß unter der Schneedecke überleben konnten.

____

____

●●● **3** **Markiere alle 12 Fehler mit dem entsprechenden Strategiezeichen. Schreibe die Wörter verbessert auf.**

Pferde, die beim Naadam starten, werden gut vorbereitet. Man hült sie einige Tage lang in Tücher, damit sie schwitzen und leichter werden. Geriten werden sie von besonders leichten Kindern, die selten elter sind als 10 Jahre. Die Pferde werden so trainiert, dass sie auch alein ins Ziel finden, falls einer der kleinen Reiter sich bei dem Tempo im gestreckten Galop nicht festhalten kan. Die Rennen sind also keineswegs ungefehrlich. Der Zieleinlauf ist der Höhepunkt des Nationalfestes. Aus fast jeder Familie sind Reiter im Rennen, deshalb sind alle gespannt, an welcher Stelle das Reitergespan die Ziellinie überquert und ob das eigene Kind auch ins Ziel komt. Wenn die kleinen Reiter mit ihren völlig erschöpften Pferden ihr Ziel erreichen, topt die Menge. Dem donnernden Hufgetrapel, dem Vibrieren des Bodens und dem Stampfen der Pferde beim Renende kann sich niemand entziehen.

____

____

____

Teste dich! – Strategiewissen

1 Kreuze die richtigen Aussagen an. (6 P.)

- [ ] Schwingen ist die Strategie des Mitsprechens. Man schreibt, wie man spricht.
- [ ] Verlängern ist die Strategie für die Fehler am Wortanfang.
- [ ] Verlängern ist die Strategie für das Wortende.
- [ ] Verlängern ist die Strategie für einsilbige Wörter.
- [ ] Zerlegen muss man alle Wörter mit mehr als einer Silbe.
- [ ] Zerlegen muss man zusammengesetzte Wörter, um die Verlängerungsstellen herauszufinden.
- [ ] Ableiten heißt, verwandte Wörter zu suchen.
- [ ] Ableiten gilt nur für Wörter mit *ä* und *äu*.
- [ ] Man kann alle Wörter mit *ä* und *äu* ableiten.

2 a Kreuze an: Welche fünf Wörter musst du zerlegen, um die Schreibweise zu erklären? (5 P.)
b Setze neun Verlängerungszeichen ( ) an die richtigen Stellen. (9 P.)

- [ ] Waldbrandgefahr
- [ ] Schuhsohlen
- [ ] Radioapparat
- [ ] Endrundenzeit
- [ ] Sportereignis
- [ ] Organisation
- [ ] Windrichtung
- [ ] Handballhalbzeitergebnis

3 Korrigiere die fehlerhaften Wörter und ordne sie im Heft dem richtigen Strategiezeichen zu: . (16 P.)

VORSICHT FEHLER!

Ringkämpfe in der Mongolei

Ringen ist in der Mongolei eine beliebte Wetkampfform, aber eher für Jungen und Menner als für Mädchen und Frauen. Wenn ein Rinkampf leuft, sind die Straßen und Pletze wie leer gefegt, weil alle Mongolen dem Ereignis am Biltschirm oder am Radioapparat folgen. Der Wettkampf läuft streng nach dem K.-o.-System ab, sodass sich die Zahl der Ringer mit jeder Runde halbiert, bis nur noch zwei zur Entrunde übrik bleiben.

Die Regeln sind denkbar einfach: Verloren hat der, der mit einem anderen Körperteil als mit seinen Schuhsohlen die Erde berührt. Der Kampf ist zeitlich nicht begrenzt.

Die Wettkampfkleidung ist aus sehr reißfestem Material und besteht aus kurzen Hosen und einem an der Brust offenen kurzen Jeckchen. Der Sage nach hatte die Jacke früher einen geschlossenen Schnit. Eines Tages sol aber ein bis dahin unbekannter Ringer angetreten sein, der alle namhaften Rivalen schluk. Wie sich später herausstellte, sol dies eine Frau gewesen sein. Nach diesem Vorfall sei die Jackenform in der heute üblichen Weise verendert worden.

Wenn die Ringer den Wettkampfplatz betreten, tun sie dies mit auffelligen Bewegungen, um den Flug eines mechtigen Adlers darzustellen. Sie halten die Arme ausgestreckt und bewegen den Körper.

4 Zähle die Punkte, die du erreicht hast, mit Hilfe des Lösungshefts zusammen (▸ S. 26).

Rechtschreibung verstehen – Regeln anwenden

Doppelte Konsonanten – Achte auf die erste Silbe

Information **Regel für doppelte Konsonanten**

- **Offene Silben enden** mit einem **Vokal. Geschlossene Silben enden** mit einem **Konsonanten**.
- **Doppelte Konsonanten** schreibt man **nur**, wenn die **erste Silbe im zweisilbigen Wort geschlossen** ist.
- Stehen an der **Silbengrenze zwei verschiedene Konsonanten**, **verdoppelt** man **nicht,** z. B.: *die Wel ten* – aber: *die Wel len*.
- Um die Regel anzuwenden, muss man Einsilber verlängern, z. B.: *er rennt* – denn: *ren nen*.

1 **a** **Prüfe durch Schwingen, wie die erste Silbe der folgenden Wörter jeweils gesprochen wird.**
b **Wie lautet dein Ergebnis? Streiche das nicht passende Adjektiv am Satzende durch.**
A Wenn die erste Silbe offen ist, spricht man den Vokal *kurz/lang*.
B Wenn die erste Silbe geschlossen ist, spricht man den Vokal *kurz/lang*.

Wortspeicher

haben • der Haken • der Hafen • haften • die Hälse • halten • hallen • hämmern • der Hase • hassen • heiter • der Himmel • die Henne • hinken • blinken • holen

2 **a** **Trage die Wörter aus Aufgabe 1 in die nachstehende Tabelle ein.**
b **Ergänze die Überschriften und setze ein:** ***offen/geschlossen; gleiche/verschiedene.***

Erste Silbe ______	Erste Silbe ______ Zwei ______ Konsonanten	Zwei ______ Konsonanten
ha ben	haf ten	hal len

3 **Die folgenden Einsilber musst du verlängern. Trage ein und schreibe das verlängerte Wort als Beweis dazu.**

l/ll: be____t – denn: ________ ma____t – denn: ________

m/mm: he____t – denn: ________ ko____t – denn: ________

n/nn: ne____t – denn: ________ mei____t – denn: ________

f/ff: ho____t – denn: ________ scha____t – denn: ________

Methode **Zerlegen und Verlängern**

Zusammengesetzte Wörter muss man zerlegen, um die Regel für doppelte Konsonanten anzuwenden, z. B.:
die Renn/pferde – denn: *ren nen*.

4 **a** **Im folgenden Wortgitter findest du 12 Wortzusammensetzungen. Markiere sie.**
b **Zehn Wörter müssen zerlegt werden.**
Beweise die Schreibung der Doppelkonsonanten durch ein Verlängerungswort. Notiere es.

B	U	N	D	E	S	I	N	N	E	N	M	I	N	I	S	T	E	R	I	U	M
I	C	Ö	K	A	L	L	T	A	G	S	S	O	R	G	E	N	E	P	M	L	K
U	Y	Y	V	A	N	T	R	I	T	T	S	R	E	D	E	S	Q	C	C	O	N
P	A	M	E	T	A	L	L	G	I	T	T	E	R	Z	H	J	T	V	Ö	Ä	W
R	A	B	A	T	T	M	A	R	K	E	D	R	U	C	K	M	I	T	T	E	L
D	F	E	T	T	V	E	R	B	R	E	N	N	U	N	G	O	S	M	Ä	L	P
T	U	Ö	T	E	M	P	O	O	B	E	R	G	R	E	N	Z	E	U	A	M	W
Q	Ö	T	R	I	T	T	S	I	C	H	E	R	H	E	I	T	N	W	N	S	J
G	O	B	N	A	T	I	O	N	A	L	M	A	N	N	S	C	H	A	F	T	E
K	J	F	R	V	G	A	P	R	O	G	R	A	M	M	P	U	N	K	T	E	L
Ö	X	P	F	B	R	E	N	N	H	O	L	Z	S	U	C	H	E	V	U	U	M

5 **a** **In der Beschreibung für das afrikanische Spiel „Mpira" fehlen fälschlicherweise fast alle Doppelkonsonanten. Markiere die Fehler.**
b **Ordne anschließend die korrigierten Wörter in die Strategietabelle unten ein.**

VORSICHT FEHLER!

Mpira – Afrikanischer Sandfußbal für 2 Spieler

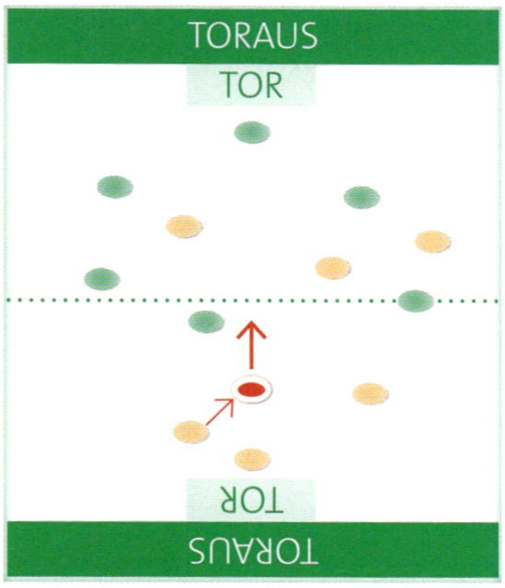

Man braucht: 4 Stökchen oder Steine für die Torpfosten, 7 Steine pro Spieler, die man unterscheiden kan, und 1 kleinen runden Stein oder eine Murmel. Zuerst wird das „Fußbalfeld" aufgebaut. Man braucht eine feste ebene Sandfläche, denn der Bal mus rolen könen. Die Tore werden mit Stökchen gestekt. Sie sind ca. 1,50 m voneinander entfernt und 20–30 cm breit. Jeder Spieler bekomt 7 Steine, die sein Team bilden. Diese „Fußbalspieler" werden gleichmäßig auf dem Feld verteilt.

Spielregeln:

Der anstoßende Spieler setzt den Ball in die Mite seiner Spielhälfte. Nun versucht er, seinen Spielstein, der am nächsten am „Ball" liegt, durch „Anditschen" so gegen den Ball zu stoßen, dass der in Richtung des gegnerischen Tores rolt. Nach jedem Schus dürfen die Spieler einen ihrer Steine eine Handbreit versetzen. Nach jedem Tor dürfen die Steine ganz neu verteilt werden. Gewonen hat imer der, der am meisten Tore geschosen hat.

Schwingen	Verlängern	Zerlegen

s oder *ss*? – Achte auf die erste Silbe

Information **Regeln für Wörter mit *s*-Laut (Teil 1)**

- Man schreibt ***s***, wenn die **erste Silbe offen** ist und man den ***s*-Laut summend** spricht, z. B.: *die Ro se*;
  wenn die **erste Silbe geschlossen** ist und **zwei verschiedene Konsonanten** an der **Silbengrenze** stehen, z. B.: *die Res te, die Wes pe*.
- Man schreibt ***ss***, wenn die **erste Silbe geschlossen** ist, z. B.: *die Ros se*.

Um diese Regeln für den *s*-Laut anzuwenden, braucht man das zweisilbige Wort.

1 a **Prüfe durch Schwingen, wie die erste Silbe der folgenden Wörter jeweils gesprochen wird.**
b **Wie lauten deine Ergebnisse? Ordne die Wörter nach der ersten Silbe und trage sie richtig in die Tabelle ein.**

Wortspeicher

die Binse • die Bisse • die Vase • die Leiste • der Käse • die Kissen • die Reste • das Wesen • die Risse • die Bremse • die Küsse • die Rose • die Gäste • die Dose • das Wissen • die Gämse • die Hose • fassen • der Pinsel

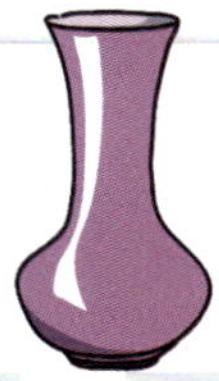

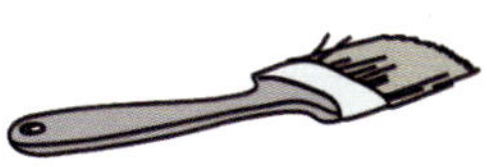

Erste Silbe offen	**Erste Silbe geschlossen** **Zwei verschiedene Konsonanten**	**Zwei gleiche Konsonanten**
die Ha sen	has ten	has sen

2 a **Die Vorsilbe *miss-* schreibt man mit *ss*, z. B.: *der Miss erfolg*.**
Begründe, warum man sich die Schreibung dieser Vorsilbe nur merken kann.
b **Verbinde die folgenden Verben mit der Vorsilbe *miss-*.**

Wortspeicher

verstehen • fallen • achten • behagen • gönnen • raten • brauchen • billigen

s oder *ß*? – Summend oder zischend

Information | **Regeln für Wörter mit *s*-Laut (Teil 2)**

- Man schreibt ***s***, wenn die **erste Silbe** offen ist und man den ***s*-Laut stimmhaft summend** spricht, z. B.: *die Grä ser, die Mäu se.*
- Man schreibt ***ß***, wenn die **erste Silbe** offen ist und man den ***s*-Laut stimmlos zischend** spricht, z. B.: *die Grü ße, drau ßen.*

Um diese Regeln für den *s*-Laut anzuwenden, braucht man das zweisilbige Wort.

Hinweis: Lege deine Hand auf den Kopf und achte auf die Aussprache. Den zischenden s-Laut merkst du nicht, aber den summenden s-Laut spürst du in der Hand.

1 **a** **Setze ein: *s* oder *ß*?**
b **Liste anschließend die Wörter richtig in einer Tabelle wie folgt auf.**

die Do____e die So____e die Ho____e die Lo____e au____en die Wie____en der Kie____el

drau____en gie____en schwei____en sü____en flie____en das Wie____el die Fü____e

Erste Silbe offen – summendes *s*	Erste Silbe offen – zischendes *s*
...	...

2 **Am Ende eines Einsilbers unterscheiden sich *s* und *ß* in der Aussprache nicht.**
a **Verlängere die nachstehenden Wörter und ordne sie in die Tabelle aus Aufgabe 1 ein.**

er: gie ? t • nie ? t • rei ? t • hei ? t • rei ? t • grü ? t • schmei ? t • gra ? t • prei ? t • bei ? t

b **Bilde einen Satz, in dem mindestens drei Wörter mit *ß* vorkommen.**

3 **Im Wortgitter sind neun Wortzusammensetzungen mit *s* geschrieben. Markiere sie. Davon müssen aber sechs Wörter mit *ß* geschrieben werden. Korrigiere sie und begründe die Schreibweise durch ein Verlängerungswort, z. B.:** *Fließ | geschwindigkeit – denn: fließen.*

VORSICHT FEHLER!

D	O	K	K	S	S	C	H	W	E	I	S	G	E	R	Ä	T
B	C	F	L	E	I	S	C	H	P	R	E	I	S	W	M	I
Y	S	F	L	O	S	P	A	D	D	E	L	T	U	X	K	M
C	V	G	R	A	S	S	A	M	E	N	I	L	J	T	Y	W
W	F	J	E	J	Y	G	R	U	S	K	A	R	T	E	T	O
G	Z	S	C	H	O	S	H	U	N	D	J	Y	N	M	A	P
Y	M	R	Q	H	K	L	Ö	E	I	S	S	O	R	T	E	P
S	P	A	S	V	E	R	A	N	S	T	A	L	T	U	N	G
E	Y	N	H	E	I	S	L	U	F	T	B	A	L	L	O	N

ss und *ß* in einer Wortfamilie – Achte auf die erste Silbe

Information **Wörter mit *ss* und *ß* in einer Wortfamilie**

- Verben können in ihren verschiedenen Formen zwischen *ß* und *ss* wechseln, z. B.:
  er beißt – denn: *sie bei ßen*; aber: *er biss* – denn: *sie bis sen.*
- Diese Schreibweisen werden auch in verwandten Nomen und in Wortzusammensetzungen beibehalten, z. B.: *der Beißer* und *die Beißzähne* – denn: *bei ßen*; aber: *die Bisse* und *die Bisswunde* – denn: *die Bis se.*
- Um die Schreibweise zu begründen, braucht man die zweisilbige Form.
  Deshalb muss man **Einsilber verlängern** und **Zusammensetzungen zerlegen.**

1 **Ordne die folgenden Wörter richtig in die Tabelle ein:**
goss das Maß schoss der Guss misst reißen der Riss schießen gießen maß reißt schießt

Infinitiv	Präsens	Präteritum	Nomen
fließen	es fließt – denn: fließen	er floss – denn: flossen	der Fluss – denn: die Flüsse
	er gießt – denn:		
		er riss – denn:	
			der Schuss – denn: die Schüsse
messen			

2 **Mit *ß* oder mit *ss*? Gehe so vor:** der Fluss|krebs – denn: die Flüsse; die Fließ|geschwindigkeit – denn: fließen.

die Gie____kanne – denn: ________ das Gu____eisen – denn: ________

die Ri____festigkeit – denn: ________ die Rei____leine – denn: ________

das Schie____pulver – denn: ________ die Schu____linie – denn: ________

die Me____latte – denn: ________ der Ma____schneider – denn: ________

3 **a Setze die fehlenden Buchstaben ein: *s*, *ss* oder *ß*?**
b Zeichne in die Kreise das Symbol für die Strategie, die du angewendet hast.

Der Fu ß baller scho____ den Ball mit gro____er Wucht ins Tor. Weil der Torwart gedö____t hatte, konnte der Schu____ zu einem guten Abschlu____ gebracht werden. Der Schütze lie____ sich ins Gra____ fallen und geno____ den Beifall der begei____terten Zuschauer.

i oder *ie?* – Achte auf die erste Silbe

Information **Regeln für Wörter mit *i* oder *ie***

- Die **meisten Wörter mit *i*-Laut** schreibt man **mit einfachem *i*.**
  Man schreibt **immer *i*,** wenn die **erste Silbe** geschlossen ist, z. B.: *der Win ter.*
- Man schreibt **nur *ie*,** wenn die **erste Silbe** offen ist, z. B.: *die Bie ne.*
  Diese Regel gilt **nur für zweisilbige deutsche Wörter.**
- Um die Regel anzuwenden, muss man **einsilbige Wörter verlängern,** z. B.: *der Dieb – die Die be.*
  Wortzusammensetzungen muss man **zerlegen,** z. B.: *der Dieb/stahl – die Die be.*

1 a **Prüfe durch Schwingen, wie die erste Silbe der folgenden Wörter jeweils gesprochen wird.**
b **Wie lauten deine Ergebnisse? Ordne die Wörter nach der ersten Silbe und trage sie richtig in die Tabelle ein.**

Wortspeicher

hindern • singen • hissen • winseln • missen • schieben • wissen • binden • lindern • mildern • liegen • schielen

c **Kreuze die jeweils richtige Antwort unter der Tabelle an.**

Erste Silbe offen	Erste Silbe geschlossen Zwei verschiedene Konsonanten	Zwei gleiche Konsonanten
Man spricht das *i* ☐ lang ☐ kurz.	Man spricht das *i* ☐ lang ☐ kurz.	Man spricht das *i* ☐ lang ☐ kurz.

2 **Entscheide: *i* oder *ie*? Beweise durch ein Verlängerungswort.**

das R_____nd – denn: ________________ der D_____b – denn: ________________

das S_____b – denn: ________________ das Z_____l – denn: ________________

der R_____ss – denn: ________________ der B_____ss – denn: ________________

der Tr_____b – denn: ________________ das T_____r – denn: ________________

Der *i*-Laut in Merk- und Fremdwörtern – Achte auf die Silbenzahl

Information **Regeln für Merk- und Fremdwörter mit *i*-Laut**

- Die ***ie*-Regel** lautet, dass man nur *ie* schreibt, wenn **in einem zweisilbigen deutschen Wort** die **erste Silbe offen** ist (▶ S. 93). Werden sie dennoch mit einfachem *i* geschrieben, muss man sie sich merken, z. B.: *Tiger, Biber.*
- **Mehrsilbige Fremdwörter** hingegen **schreibt man in der Regel mit einfachem *i*,** auch wenn die Silbe offen ist und das *i* lang gesprochen wird, z. B.: *die Tur bi ne, die Ma schi ne.*
- Die Endungen ***-ie, -ier, -iert*** und ***-ieren*** muss man sich als Ausnahmen **merken.**

1 **In der Wörterschlange findest du zweisilbige deutsche Wörter und mehrsilbige Fremdwörter.**

a Ordne die Wörter nach der Anzahl ihrer Silben.

b Kreuze anschließend an, ob es sich um zu merkende Wörter oder regelhafte *i*-Schreibungen handelt.

KINOKILOBIBERTIRAMISULIMONADEPRIMELTIGERTERMITEN
PANTOMIMEZITRONEBIBELAPFELSINEBIBLIOTHEKGIRAFFEZIVILSILO

Zweisilber	**Mehrsilber**

Es handelt sich um Wörter,

- [ ] die man sich mit *i* merken muss.
- [ ] die laut Regel nicht mit *ie* geschrieben werden.

Es handelt sich um Wörter,

- [ ] die man sich mit *i* merken muss.
- [ ] die laut Regel nicht mit *ie* geschrieben werden.

2 **Verbinde diese Wortbausteine mit den Endungen *-ie, -iert, -ieren*. Ordne sie so in deinem Heft.**

Garant- | Harmon- | marsch- | Reg- | buchstab- | Strateg- | Melod- | fund- | pik- | pol- | stud-

Wörter mit *-ie*	**Wörter mit *-iert***	**Wörter mit *-ieren***

3 **In der folgenden Spielanleitung zum Spiel „Wolak-walik" fehlen fast alle *i*-Laute. Setze sie ein.**

D__ses Sp__l w__rd in Indonesien trad__t__onell von Mädchen gesp__lt, g__lt aber auch in anderen Ländern als sehr bel__bt. Alle Sp__ler haben die gleiche Anzahl von Sp__lsteinen, z. B. K__sel oder Nüsse. Zu Beg__nn verteilt ein Sp__ler alle Steine w__llkürlich vor s__ch auf dem Boden. Nur einen Stein behält man, den Kokojo. D__sen legt man auf den eigenen Handrücken und w__rft ihn hoch in die Luft. Solange s__ch der Stein in der Luft bef__ndet, muss man möglichst v__le seiner Steine einsammeln. Dann muss man den Kokojo w__der auffangen, bevor er auf den Boden fällt. Es gew__nnt, wer als Erstes alle Steine einsammeln konnte und erst danach den Kokojo wieder auffängt.

Wörter mit *h* – Hören oder merken

Information **Regeln für Wörter mit *h***

- Bei **einsilbigen Wörtern** kann man das ***h* nicht hören.** Wenn man sie **verlängert,** erscheint das *h* bei vielen Wörtern zu Beginn der **zweiten Silbe.** Es **öffnet** diese Silbe **hörbar,** z. B.: *geht – denn: ge hen.*
- Bei anderen Wörtern bleibt das ***h* in der ersten Silbe.** Diese Wörter sind **Merkwörter.** Man kann das ***h*** durch keine Strategie hörbar machen, z. B.: *fah ren, die Boh nen.*
- Das ***h* bleibt** in **allen Schreibweisen der Wortfamilie erhalten,** z. B.: *der Fahrer, der Fahrlehrer.*
- Zusammensetzungen muss man zerlegen und dann verlängern, z. B.: *der Geh|steig* – denn: *ge hen.*

1 **a Unterstreiche in den folgenden Sätzen die Wörter mit hörbarem *h*.**
b Markiere die Wörter mit nicht hörbarem *h* mit dem Strategiezeichen M.

Die Fahrer fahren die Autos in die Werkstatt. Wir gehen in die Eisdiele und schlecken ein Eis mit Sahne.

Die Ärzte ziehen die Zähne heute nicht mehr so schnell wie früher.

2 **a Prüfe durch Verlängern, welche der folgenden Wörter Merkwörter sind. Markiere sie mit dem Zeichen M.**
b Kennzeichne Wörter, deren *h* du durch Verlängern hörbar machen kannst, mit dem Zeichen ↦.

der Rahm • sprüht • der Lohn • das Reh • der Zahn • zahm • geh • sehr • der Kahn • o weh

3 **Ordne die Merkwörter mit *h* ihrer Wortfamilie zu. Schreibe sie mit der jeweiligen Ziffer in dein Heft.** M

(1) erzählen (2) rühren (3) wehren (4) wählen (5) bohren

der Erzähler • wehrhaft • die Bohrinsel • er wählt • der Wehrdienst • gerührt • die Bohrmaschine • das Wahljahr • wehrlos • die Wehrpflicht • erzählt • das Rührgerät • das Erzählgerüst • das Bohrloch • der Rührstab • die Wählscheibe • das Wahlergebnis • der Rührkuchen • gebohrt

4 **Diese Wörter kann man leicht verwechseln:**
***Mahl* und *Mal*, *währen* und *wären*, *Wahl* und *Wal*, *hohl* und *hol*, *dehnen* und *denen*, *ihm* und *im*.**
a Ordne die Wörter nach ihrer Bedeutung in das Wortgitter richtig ein.
b Kennzeichne im Wortgitter die Merkwörter mit M.

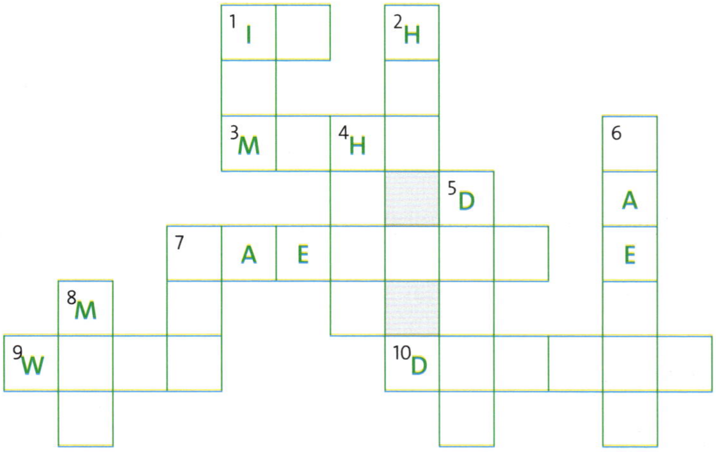

waagerecht:
1 Kurzform für *in dem* **3** Essen
7 dauern **9** Nomen zum Verb *wählen*
10 lang machen

senkrecht:
1 männliches Personalpronomen
2 Befehlsform von *holen* **4** innen leer
5 Relativpronomen im Plural
6 Konjunktivform von *sein*
7 ein Meeressäuger
8 besonderes Erkennungszeichen

5 **Bilde mit jedem der Wörter aus Aufgabe 4 einen Satz, sodass die Bedeutung klar wird. Schreibe ins Heft.**

Teste dich! – Regelwissen

1 Kreuze an, ob die Aussagen von A bis G richtig oder falsch sind. (7 P.)

		richtig	falsch
A	Doppelkonsonanten schreibt man, wenn die erste Silbe offen ist.		
B	Doppelkonsonanten schreibt man, wenn die erste Silbe geschlossen ist.		
C	Wenn nach der ersten geschlossenen Silbe zwei verschiedene Konsonanten folgen, verdoppelt man nicht.		
D	Das *ie* ist typisch für Fremdwörter.		
E	Das *ie* schreibt man in zweisilbigen deutschen Wörtern.		
F	Das *ß* ist ein typisch deutscher Buchstabe.		
G	Man schreibt *ß* nur, wenn die erste Silbe offen ist und man den *s*-Laut zischt.		

2 Im folgenden Text kommen fälschlicherweise nur einfache Konsonanten vor. Markiere die 13 Fehlerwörter und berichtige sie im Heft. (13 P.)

VORSICHT FEHLER!

In Japan könen schon recht junge Menschen mit Stäbchen esen. Wir Europäer dagegen werden damit nicht so leicht sat. Für den Anfänger gibt es einen Trik: Nim ein Stükchen Papier (etwa so groß wie ein Zetel von einem Notizblok) und falte es mehrmals. Es sol dann ungefähr so groß sein wie dein Daumennagel. Dieses gefaltete Papier legst du zwischen die Enden der beiden Stäbchen und umwikelst das Ganze dann mit einem Gumiband. So kanst du die Stäbchen bewegen, aber sie falen dir nicht dauernd einzeln aus der Hand.

3 *s*, *ss* oder *ß*? Trage die richtige Schreibung der s-Laute in die folgenden Lücken ein. (14 P.)

Wenn man in Afrika zum E___en eingeladen wird, spei___t man mei___tens zusammen mit einer Gro___familie. Alle sitzen auf dem Boden oder auf kleinen Holzschemeln: Zuerst werden Schalen mit Wa___er zum Händewaschen herumgereicht. In der Mitte dampft die gro___e Schü___el mit Rei___ oder Getreidebrei, am Rand liegen Fleischstückchen und die So___e. Jeder i___t an der Stelle, die er von seinem Platz aus erreichen kann. Der Gast beginnt. Statt mit Me___er und Gabel wird mit der rechten Hand gege___en, denn die linke gilt als unsauber. Mit Daumen, Zeige- und Mittelfinger rollt man aus dem klebrigen Reis eine Kugel und arbeitet dabei Fleisch und So___e mit ein. Das mu___ geübt sein, bevor man die Kugel dann elegant zum Mund führen kann.

4 a Vergleiche deine Ergebnisse mit dem Lösungsheft (▸ S. 29).
b Übe erneut die Schreibungen, bei denen du noch Schwierigkeiten hattest.

Groß- und Kleinschreibung

Nomenproben anwenden

Information **Nomen durch Proben erkennen**

Nomen schreibt man groß. In Texten erkennt man sie mit der Hilfe von **Proben.**
- **Artikelprobe:** Vor Nomen kann man einen Artikel setzen, z. B.: *der Zucker, die Suppe, das Kind.*
- **Zählprobe:** Nomen kann man zählen, z. B.: *zwei, drei, zehn, viele, einige Ziegen.*
- **Adjektivprobe:** Nomen kann man durch Adjektive näher beschreiben, z. B.: *die zickige Ziege.*
- Hinweis: **Pronomenprobe:** Vor Nomen kann man ein Pronomen setzen, z. B.: *meine Ziege.*

1 **Wende die Artikelprobe an. Setze den richtigen Artikel *der, die, das* vor die folgenden Nomen.**
Hinweis: Bei Zusammensetzungen bestimmt der letzte Begriff das Geschlecht (das Genus).

____ Ostküste ____ Insel ____ Welt ____ Zeit ____ Packeisgürtel ____ Gegenden ____ Jahreshälfte

____ Versorgungsschiffe ____ Land ____ Einwohner ____ Dorf ____ Siedlung ____ Kleinstadt

____ Gemeinde ____ Menschen ____ Fläche ____ Spur ____ Weg ____ Winter ____ Spur

____ Hundeschlitten ____ Skiwanderer ____ Schneemobile ____ Richtung

2 **a Lies den Text und prüfe, ob du verstehst, um was es geht. Kreuze an:**

☐ Ich verstehe nicht, um was es geht. ☐ Ich kann den Text im Wesentlichen verstehen.

b Füge die Nomen aus Aufgabe 1 ein.

Die *Ostküste* der größten ________ der ________ ist die meiste ________ des Jahres durch einen gigantischen ________ isoliert. Sie ist eine der unwirtlichsten und dennoch besiedelten ________ der Welt. Nur in der wärmeren ________ können ________ bis zum ________ vordringen. Wenige ________ leben in dem ________ Tiniteqilaaq, damit ist die ________ hier schon eine mittlere ________: Denn insgesamt leben in der gesamten ________ Ammassalik nur etwa dreitausendfünfhundert ________. Ihre ________ aber ist sechsmal größer als Deutschland. Keine ________, kein ________ führt nach Tiniteqilaaq. Im ________ ist es nur eine ________ der ________ ________, ________ und ________, die die ________ weist.

3 **a Unterstreiche im Text zu Aufgabe 2 mindestens drei Nomen, die ein Numerale (Zahlwort) als Begleiter haben.**
b Umrahme Nomen, die von einem Adjektiv begleitet werden.
c Umkreise drei Nomen ohne Begleiter. Beweise durch eine der Proben, dass es sich um Nomen handelt.

Nomenendungen erkennen

Information **Typische Nomenendungen**

Wörter mit den **Endungen** ***-heit, -keit, -nis, -schaft, -tum, -in, -ung*** sind Nomen, z. B.: *Umgebung*.

1 a Im Wortgitter findest du zwanzig Wörter, an die du eine der Nomenendungen anhängen kannst. Markiere sie.

Z	X	S	Ä	S	L	U	M	G	E	B	E	N	E
N	V	N	F	R	E	U	N	D	R	E	I	C	H
B	F	R	E	U	N	D	L	I	C	H	Z	W	O
I	T	E	R	E	I	G	N	E	N	L	A	N	D
T	F	F	I	Y	B	R	A	U	C	H	M	F	K
B	I	T	T	E	R	C	L	I	R	R	E	N	D
I	G	Z	Ü	B	E	R	R	A	S	C	H	E	N
U	P	A	U	S	G	R	A	B	E	N	A	M	H
E	R	Z	E	U	G	E	N	E	I	G	E	N	X
D	H	E	I	T	E	R	F	I	N	S	T	E	R
E	R	B	E	N	R	E	I	N	S	A	M	T	L
H	F	C	E	R	L	E	B	E	N	Y	V	Z	F
H	H	Y	M	T	N	I	Ä	D	U	N	K	E	L
N	A	C	H	S	I	C	H	T	I	G	Y	P	Q

b Bilde im Heft Nomen: Füge an zehn Wörter sinnvoll eine der Endungen *-heit, -keit, -nis, -schaft, -tum, -ung* an.

2 Im folgenden Text sind 15 Nomen fälschlicherweise kleingeschrieben. Markiere diese Wörter.

VORSICHT FEHLER!

Ein typischer Wintertag für die Inuit bedeutet Leben in ständiger finsternis. Die Mittagszeit erkennt man nur an einer ganz schwachen erleuchtung am südlichen Horizont. Die bedeutung dieser ständigen dunkelheit entzieht sich eigentlich unserer vorstellung. Wir können wohl nur erahnen, was es heißt, in monatelanger sonnenlosigkeit zu leben. Dazu kommt die klirrende Kälte in einer von Eis und Schnee geprägten landschaft. Da ist es nachvollziehbar, dass die Inuit sich in die gemütlichkeit ihrer Häuser zurückziehen.

Früher fanden sie die geborgenheit in ihren Iglus, in denen eine kleine Feuerstelle für die helligkeit sorgte. Iglus sorgen, obwohl sie aus Schnee gebaut sind, für behaglichkeit und Wärme. Und geselligkeit und gastfreundschaft waren den Inuit in ihren Iglus wichtig, denn vor allem die sozialen Kontakte schafften abwechslung. Hierbei wurden die alten Geschichten und Märchen erzählt und an die nachfolgende Generation weitergegeben. Heute werden Projekte für Jugendliche organisiert, damit diese in der einsamkeit der Eiswüste wieder zu sich und ihren Wurzeln finden.

Aus Verben und Adjektiven Nomen bilden

Methode | **Nominalisierungen erkennen**

Verben und Adjektive kann man **wie Nomen gebrauchen.** Solche **Nominalisierungen schreibt man groß.** Nominalisierte Verben und Adjektive erkennt man an ihren Begleitern. Sinnvoll sind die **Nomenproben:**

- **Artikelprobe,** z. B.: *Das Suchen von Nahrung in der Eiswüste ist hart.*
- **Adjektivprobe,** z. B.: *Kräftiges Reiben kann bei Eiseskälte helfen.*
- **Zählprobe:** Adjektive werden oft mit unbestimmten Zahlwörtern verwendet, z. B.: *Ich esse **etwas Kaltes.***

1 **a** **Unterstreiche in dem folgenden Text sieben Nomen mit der typischen Endung *-ung*.**
b **Kennzeichne verschiedenfarbig fünf Verben und ein Adjektiv, die im Text als Nomen gebraucht werden.**

Inuit mussten früher in ihrem Lebensraum einen ständigen Kampf ums Überleben führen. Das Beschaffen der Nahrung machte vor allem im Winter große Probleme. Durch ihre lange Erfahrung gelang es ihnen, aus der zur Verfügung stehenden Nahrung alles zu gewinnen, was sie für die Erhaltung ihrer Gesundheit brauchten.

Das Wichtigste für ihre Ernährung war rohes Fleisch. Das Garen von Fleisch zerstört Vitamine und andere Nährstoffe. Isst man es roh, wird der Körper mit wichtigen Stoffen versorgt, und ein Ausgleichen mit Obst und Gemüse wird unnötig. Inuit aßen manche Stücke ihrer erlegten Tiere sogar blutig, vor allem solche, die richtige Vitaminbomben sind. Die fettige Unterhaut von Walen enthält mehr Vitamin C als Zitrusfrüchte. Sie wurde getrocknet und verhinderte somit zuverlässig Mangelerscheinungen wie Skorbut. Im Sommer bot das Sammeln von Beeren eine wichtige Ergänzung zum gesunden Essen.

2 **Das Jugendbuch „Red Fox und der weiße Bär", geschrieben von Robin Lloyd-Jones, spielt im 19. Jahrhundert auf einem Schiff in der Arktis. Darin wird die Hauptfigur Adam von den zwei Inuit Pipaluk und Qortoq gerettet.**
a **Lies den folgenden Auszug und mache dir klar, welches Thema er mit dem Text zu Aufgabe 1 gemeinsam hat.**

Bis jetzt hatte Adam dank Pipaluks Vorsorge weder Skorbut noch Erfrierungen bekommen. Sie und Qortoq und auch niemand sonst aus ihrer Gemeinschaft hätten jemals das gehabt, was die Qallunaat[1] Skorbut nannten, hatten sie Adam erklärt. Wenn er das gleiche Essen wie sie äße, würde er vielleicht auch keinen Skorbut bekommen. Sie hatte darauf bestanden, ihn fast dazu gezwungen, Brocken von rohem Walross- oder Seehundfleisch herunterzuwürgen. „Wie alte Seestiefel in Petroleum getränkt!", hatte er erklärt und das Gesicht verzogen. Aber ihr Ausdruck war so entschieden gewesen, dass er es heruntergeschluckt hatte.

Nun teilte er regelmäßig seine Mahlzeit mit Qortoq und Pipaluk und konnte ziemliche Mengen Speck herunterbekommen, ohne Übelkeit zu empfinden.

1 Qallunaat: Ausdruck der Inuit für die Weißen

b **Formuliere in deinem Heft drei zum Text passende Sätze, in denen Verben oder Adjektive nominalisiert sind, z. B.:** *Das Vorsorgen gegen Skorbut war für die Inuit etwas Überlebenswichtiges.*

Wortspeicher

~~das Vorsorgen~~ • das Herunterwürgen • das Verhindern • das Zwingen • das Essen • etwas Schreckliches • etwas Ekliges • etwas Wichtiges • ~~etwas Überlebenswichtiges~~ • genug Gesundes

Teste dich! – Groß- oder Kleinschreibung?

1 **In dem Jugendbuch „Red Fox und der weiße Bär" sitzt das Schiff von Adam in der Arktis fest. Er macht sich mit den anderen auf, um zum Überleben Seehunde zu jagen.**

a Markiere im Text alle 17 Nomen und die beiden Namen. (19 P.)

Als sie nach drei stunden immer noch kein allut gefunden hatten, das noch genutzt wurde, hielten sie an. Qortoq und Pipaluk machten sich daran, ein schneehaus zu bauen, wobei sie alle hilfsangebote ablehnten und sagten, alleine wären sie schneller damit fertig. Pipaluk packte die seehundfelle aus, die Qortoq von seinen früheren fängen aufgehoben hatte, legte sie auf die bänke aus schnee, die an der innenwand des illuliaq gebaut waren, und zündete einen docht an, der aus einer kleinen schale mit seehundfett herausragte. Da die felle nicht ausreichend behandelt worden waren, verströmten sie einen strengen geruch. Nachdem sie gegessen hatten, legten sie sich auf die schneebänke. Es war erstaunlich warm und behaglich in ihrem kleinen bienenkorb.

b Markiere verschiedenfarbig folgende Begleiter von Nomen: vier Adjektive und drei Zahlwörter. (7 P.)

c An welchen Begleitern erkennst du, dass „Allut" (Seehund) und „Illuliaq" (Iglu) Nomen sind? (2 P.)

2 **a Umrahme im folgenden Text drei Nomen zum Thema „Iglubau" mit einer typischen Endung. (3 P.)**

b Unterstreiche vier nominalisierte Verben und ein nominalisiertes Adjektiv. (5 P.)

Voraussetzung für das Bauen eines Iglus in einer Schneelandschaft ist das Suchen eines geeigneten Platzes. Hat man ihn gefunden, folgt das Zeichnen einer kreisrunden Fläche, die so groß wie der spätere Igluboden sein muss. Dabei ist die Verwendung von Skistock und Schnur hilfreich. Danach folgt das Ausschneiden von Schneeblöcken. Sie werden so um den Kreis gestapelt, dass die Mitte der Eisblöcke die gezeichnete Linie berührt. Die unterste Blockreihe trägt alle anderen Schneeblöcke und muss deshalb ganz stabil sein. Das Beste ist eine leichte Neigung nach vorn.

3 **a Markiere in der Fortsetzung des Textes zum Iglubau zehn Fehler in der Großschreibung. (10 P.)**

b Beweise durch eine der Nomenproben, dass drei von dir gefundene Wörter Nomen sind. (3 P.)

Auf die erste blocklinie werden nun von innen weitere Blöcke in einer spirale gesetzt. Der iglubauer baut sich also selber zu. Er muss darauf achten, dass alle Blöcke Kontakt zueinander haben. Günstig ist eine neigung der Blöcke nach innen. Wenn der Iglubaumeister im Iglu stehen kann, setzt er von innen den letzten Block. Den schiebt er mit der schmalen seite durch das Loch und setzt ihn mit der breiteren Seite in die Lücke. Nun sorgen löcher und Spalten noch für Zugluft. Deshalb müssen alle öffnungen mit Schnee verschlossen werden. Zum schluss gräbt man den eingang, der tiefer liegt als der Boden, damit die warme luft nicht aus dem Iglu verschwindet.

4 **Prüfe deine Lösungen und die Punktzahl mit Hilfe des Lösungshefts (► S. 30).**

Getrennt- und Zusammenschreibung

–/+

Zusammenschreibung – *los + fahren = losfahren*

Information **Zusammenschreibung**

Zusammen schreibt man folgende **Verbindungen:**
- **aus Nomen und Nomen,** z. B.: *Eis + Wüste = die Eiswüste.*
- **mit Adjektiven,** z. B.: *Kornblumen + blau = kornblumenblau, hell + blau = hellblau.*
- **von Verben mit unveränderlichen Wörtern,** z. B.: *hin + gehen = hingehen.*

  Hinweis: Wenn man bei Verben das erste Wort nicht verlängern kann, schreibt man zusammen.

1 **Bilde im Heft aus den folgenden Nomen möglichst viele sinnvolle Zusammensetzungen, z. B.:** *die Rosinenb…*

Wortspeicher

das Petroleum • das Wunder • die Bilder • die Kinder • die Lampen • die Kerzen • der Rahmen • die Rechte • die Rosinen • die Lichter • die Dochte • der Morgen • die Falte • die Brote • der Rock • die Sonne • die Kette

2 **Wie können Farben sein? Stelle mit den Farbadjektiven *rot* und *blau* zehn Farben deiner Wahl zusammen.**

Wasser • tief • Himmel • hell • Kornblumen • schwarz • Feuer • Tomate • Blut • dunkel • Backstein • Alarm

+

rot
blau

3 **a Markiere die unveränderlichen Wörter im Wortgitter.**
b Wähle fünf aus und verbinde sie mit einem der Verben.

V	C	F	Z	U	M	H	E	R	I	M	L	O	S
A	U	S	K	A	N	L	L	Y	H	Ä	A	B	N
R	Ä	R	W	D	A	N	E	B	E	N	X	D	A
C	R	Ä	Ä	Z	K	L	G	H	I	N	A	U	F
Y	U	J	D	I	T	E	I	N	C	M	I	T	Q
W	D	C	I	L	E	C	A	U	F	S	S	X	D
I	P	R	Z	U	R	Ü	C	K	R	Q	T	T	F
K	N	T	U	B	Ä	P	W	C	Z	Ä	I	D	X
H	L	H	E	R	U	N	T	E	R	V	Z	K	L
G	U	M	T	T	B	E	I	T	H	F	Ä	H	Ä
G	R	B	T	M	C	Ö	Y	D	H	E	R	A	B
Y	B	G	V	O	R	J	X	Ö	O	Q	W	E	G
H	C	E	N	T	G	E	G	E	N	B	P	L	B
H	E	R	A	N	V	T	Z	H	E	R	U	M	L

Verben

gehen • laufen • fahren • springen • lassen

umherfahren, umgehen, …

Stärken stärken: Zusammenschreibung

–/+

1 **a** **Lies noch einmal die Regeln zur Zusammenschreibung in der Information auf Seite 101.**
b **Bestimme die markierten Wortzusammensetzungen im Text unten. Schreibe in die Klammern hinter das Wort: *A* für Nomen + Nomen, *B* für Nomen + Adjektiv, *C* für Adjektiv + Adjektiv, *D* für unveränderliches Wort + Verb.**

Skilaufen in Afghanistan

Skilaufen ist in Afghanistan eigentlich unbekannt. Aber seit einiger Zeit gibt es in der Provinz Bamiyan einen Landeswettbewerb (____) im Skirennen. Die afghanischen Jugendlichen warten ungeduldig auf den Startschuss (____). Sie wollen loslaufen (____) und beweisen, dass sie gute Skiläufer geworden sind. Die Luft ist kristallklar (____) und die Berge glitzern tiefblau (____) in der Sonne. Die afghanischen Läufer lösen sich blitzschnell (____) aus der Startergruppe (____) und können den anderen Teilnehmern ohne Mühe davonklettern (____), denn sie sind an die dünne Luft angepasst. Während sich Teilnehmer aus anderen Ländern den Berg hinaufquälen (____), können die Afghanen schon wieder den Hang hinunterrasen (____).

2 **Bilde mit Hilfe der vier Wörterkästen Zusammensetzungen. Ordne sie im Heft in eine Tabelle wie folgt ein.**

A Nomen + Nomen	B Nomen + Adjektiv	C Adjektiv + Adjektiv	D unveränderliches Wort + Verb

Korn • Blumen • Feld • Regen • Sonnen • Bananen • Wasser • Himmel • Linie • Kohle • Blüte • Schlangen • Biss • Hagel • Körner • Tropfen • Blut

blau • hell • mittel • dunkel • schwarz • weiß • gelb • rot

an • ab • vorbei • hin • los • weiter • zurück

laufen • rennen • spielen • fahren

3 **Entscheide: Getrennt oder zusammen? Setze die Wörter mit + richtig in die Lücken ein. Achte auf die Groß- und Kleinschreibung.**

Ein afghanischer *Renn+Läufer* ____________________ nach dem anderen *über+quert* ____________________ die *Ziel+Linie* ____________________ und alle freuen sich. Der *Sport+Wettbewerb* ____________________ soll den jungen Afghanen die *Chance+bieten* ____________________, in ihrer Heimat Geld zu verdienen und dort zu *über+leben* ____________________. Was sich eigentlich unwahrscheinlich anhört, scheint ein *Erfolg+reiches* ____________________ Projekt zu werden. Man will den Tourismus *an+locken* ____________________ und damit Arbeitsplätze schaffen.

Getrenntschreibung – *da sein* und *Dinge erledigen*

Information **Getrenntschreibung**

Getrennt schreibt man in der Regel folgende **Verbindungen:**
- **von Nomen und Verben,** z. B.: *Aufgaben machen, Fußball spielen ...*
- **von Verben und Verben,** z. B.: *einkaufen gehen, arbeiten müssen, ...*
- **alle Zusammenstellungen mit „sein“,** z. B.: *da sein, weg sein, fröhlich sein, ...*

1 **Verbinde im Heft die Nomen sinnvoll mit den folgenden Verben.**

Nomen: Fahrrad • Kartoffeln • Hausaufgaben • Tisch • Socken • Tennis • Zimmer • Aufgaben
Verben: aufräumen • machen • schälen • lösen • decken • stricken • spielen • fahren

2 **a** **Verbinde mit Pfeilen die folgenden Verben so, dass sie einen Sinn ergeben. Wähle für jedes Verb in der oberen Reihe eine Möglichkeit.**

einkaufen • bleiben • laufen • lernen • schwimmen • putzen • vorsingen • denken • stehen • arbeiten

dürfen • lassen • müssen • gehen • wollen • sollen • mögen • üben • trainieren • können

b **Ergänze die Sätze unten sinnvoll um zwei Verben aus Aufgabe 2 a.**

1 Der Lehrer meint, dass die Kinder nicht ______________________.

2 Karina und Cara mögen nicht daran denken, dass sie ______________________.

3 Luis und Mustafa kriegen gute Laune, weil sie ______________________.

3 **In dem Wortgitter findest du zwölf Wörter, die häufig mit „sein“ verbunden werden. Markiere sie und schreibe sie auf die Linien neben das Gitter.**

W	A	U	S	L	W	H	A	T	H	U
I	Ö	B	K	T	W	U	Q	E	Ä	J
E	Y	Z	U	S	A	M	M	E	N	Q
L	Z	U	R	Ü	C	K	G	H	S	Y
F	E	R	T	I	G	J	R	T	J	J
C	G	B	E	R	E	I	T	Z	C	A
E	D	A	V	V	O	R	B	E	I	H
K	Y	D	R	T	D	A	B	E	I	A
G	S	Ö	F	H	I	N	Ü	B	E	R
A	N	A	U	F	R	H	I	E	R	E
N	N	A	Ä	K	I	F	B	I	J	B

aus sein, ...

Stärken stärken: Getrenntschreibung

-/+

●○○ 1 **a** **Lies noch einmal die Regeln zur Getrenntschreibung in der Information auf Seite 103.**
b **Um welche Verbindungen handelt es sich bei den markierten Wörtern in den Sätzen unten? Schreibe in die Klammern hinter den Verbindungen: *A* für Nomen + Verb, *B* für Verb + Verb, *C* für Verbindung mit „sein".**

1 Wenn du am Nachmittag kommen möchtest (___), werde ich da sein (___).

2 Wir können zuerst die Hausaufgaben machen (___) und uns dann etwas vornehmen.

3 Wir haben die Wahl zwischen Fahrrad fahren (___) und schwimmen gehen (___).

4 Gegen 18:00 Uhr muss ich aber wegen des Fußballtrainings wieder zurück sein (___).

●●○ 2 **Bilde mit Hilfe der Wörterkästen je sechs Wortverbindungen. Ordne sie richtig in die folgende Tabelle ein.**

Betten • Kuchen • Gemüse • Fleisch • Brötchen • Karten • Fußball • Hausaufgaben • Ski

machen • backen • kochen • grillen • holen • denken • laufen • schwimmen • üben • spielen
+
wollen • müssen • lernen

da • dabei • vorbei • zurück • fertig • zusammen • hinüber • aus • an • auf • bereit • hier

A **Nomen + Verb**	B **Verb + Verb**	C **Verbindungen mit „sein"**
______	______	______
______	______	______
______	______	______
______	______	______
______	______	______
______	______	______

●●● 3 **Ergänze die folgenden Sätze A bis C sinnvoll mit Wortverbindungen. Nutze den Wortspeicher.**

Wortspeicher
Kleidung • essen • Tisch • auslüften • genervt • sein • nehmen • können • müssen • decken

A Wenn ich von der Arbeit komme, muss ich meine ______________________, weil sie riecht.

B Für das Abendbrot werde ich den ______________________, damit ich mit meiner Familie zusammen ______________________.

C Ich will nicht ständig ______________________ und ich will auch nicht immer Rücksicht ______________________.

Teste dich! – Getrennt oder zusammen?

1 Im folgenden Text findest du zehn zusammengesetzte Nomen. Markiere sie. (10 P.)

Heute verbinden wir oft mit Afghanistan Zerstörung und Krieg. Aber das war nicht immer so. Früher reisten viele Auslandstouristen an, um sich die Naturschönheit der Berglandschaft anzusehen. Die Provinzhauptstadt Bamiyan war ein wichtiger Reiseknotenpunkt. Jetzt soll der Tourismus wieder entwickelt werden, und zwar durch den Wintersport. Dabei konnte in Bamiyan niemand Ski laufen, aber der 49-jährige Italiener Rollando hat sich in den Kopf gesetzt, es den jungen Afghanen beizubringen und ihnen als Bergführer, Skilehrer oder Bergretter eine Lebensgrundlage in ihrer Heimat zu geben. Insgesamt 36 Jugendliche trainieren für diese Aufgabe in der Zukunft.

2 Entscheide: Getrennt oder zusammen? Setze die Wörter mit + richtig in die Lücken ein. (8 P.)

Ein *Ski + Gebiet* ____________________ in den Koh-e-Baba-Bergen könnte den verarmten *Berg + Bewohnern* ____________________ im Winter zu einem Einkommen verhelfen, wenn ihre Felder ungenutzt *liegen + bleiben* ____________________. Die Politiker, die für das Gebiet *zuständig + sind* ____________________, wollen den Tourismus auf jeden Fall *an + kurbeln* ____________________ und *unter + stützen* ____________________. Reiterspiele und Festivals sollen die Touristen *an + locken* ____________________, aber so richtig viel Erfolg hatten sie noch nicht. Deshalb freuen sie sich über die Jugendlichen, die voller Begeisterung trainieren und sich auf ihre zukünftige Aufgabe *vorbereiten + wollen* ____________________.

3 Welcher Grund liegt für die Zusammenschreibung bzw. Getrenntschreibung im folgenden Text vor? Ordne den markierten Wörtern in Klammern den richtigen Buchstaben A, B, C oder D zu. (9 P.)

A Zusammensetzung von Nomen
B Zusammensetzung von Adjektiven
C Zusammensetzungen von Verben
D Zusammensetzung von Verben und unveränderlichen Wörtern

Für viele junge Afghanen war es völlig unbekannt, dass man auf den Berghängen (___) Ski fahren kann. Sie dachten, dass sie wie ihre Väter und Großväter Kartoffeln anbauen müssten (___). Das bedeutete aber auch meist, im Winter bitterarm (___) zu sein. Der 19-jährige Sayed Ali Shah, der unbedingt in Kabul zur Schule gehen wollte (___), traf den Bergführer Ferdinando Rollando und ließ sich überreden (___), das Skilaufen zu lernen. Heute trainiert er die Jungen aus der Gegend. Auch junge Bergführer werden ausgebildet (___), die Gruppen von Wanderern in die Berge begleiten. Sie wissen, wie man Lawinensuchgeräte (___) bedient, und die Schafhirten im Tal sind für den Fall vorbereitet (___), dass sie Touristen aus dem Schnee retten müssen (___).

4 Prüfe deine Lösungen und die Punktezahl mit Hilfe des Lösungshefts (▶ S. 31).

Fit für Tests

So kannst du mit der folgenden Einheit üben:

1 Arbeite den gesamten Test auf einmal durch.
2 Nimm dir fünf Minuten Zeit, um den Text zu lesen.
3 Nimm dir 45 Minuten Zeit, um die Aufgaben (▶ S. 107 bis 111) zu bearbeiten.
4 Stoppe die Zeit. Bleibe nicht an einer Aufgabe „hängen".
5 Lies die jeweilige Aufgabenstellung genau durch. Unterstreiche Wörter, die dir sagen, was du tun musst.
6 Löse am Schluss die Aufgaben, die du noch nicht bearbeitet hast.

Feuer

1 Der Mensch hat das Feuer nicht erfunden – er hat es als Nutzmittel für sich entdeckt. Einige Funde deuten darauf hin, dass der „Homo erectus" bereits vor 1,5 Millionen Jahren die Kraft des Feuers gebrauchte. Es erhellte ihm das Dunkel, schützte ihn vor Kälte und Tieren und half ihm, seine Speisen genießbar und verdaulich zuzubereiten. Mit Hilfe des Feuers konnte er in Regionen leben, in denen er sonst kaum überlebt hätte. Doch die Frage, ab wann es dem Menschen gelang, Feuer selbstständig zu entfachen, wird auch unter den Forschern noch heftig diskutiert. Viele gehen davon aus, dass dies schon dem Neandertaler mit Hilfe von Feuersteinen vor 40 000 Jahren möglich war.

2 Für ein Feuer sind drei Dinge erforderlich: Brennstoff, Hitze und Sauerstoff. Um ein Feuer in Gang zu setzen, braucht man eine Initialzündung oder Startwärme, mit der der chemische Verbrennungsprozess des Brennstoffs startet und in einer Art Kettenreaktion fortläuft. Eine Initialzündung kann in der Natur beispielsweise ein Blitz sein, der in einen Baum einschlägt. Das Feuer brennt nun aus sich selbst heraus, bis eine der drei Voraussetzungen – Brennstoff, Hitze oder Sauerstoff – nicht mehr vorhanden ist.

3 Ist das Feuer erst einmal entfacht, kann es schnell außer Kontrolle geraten und innerhalb weniger Minuten für den Menschen lebensgefährliche Ausmaße annehmen. Um einen Brand zu löschen, muss man ihm entweder die Wärme, den Brennstoff oder den Sauerstoff entziehen. Das beste Löschmittel ist häufig Wasser: Es ist billig, umweltfreundlich und fast überall verfügbar. Sprüht man Wasser auf etwas Brennendes, wird der Flamme Energie entzogen – und zwar so viel, bis nicht mehr genug Energie vorhanden ist, um zusammen mit Brennstoff und Sauerstoff das Feuer anzuheizen. Wird Wasser beispielsweise auf ein Stück glühende Holzkohle gesprüht, kühlt der Brennstoff die Kohle immer mehr ab. Die Flamme wird kleiner, bis sie schließlich erlischt. Das heißt, Wasser löscht, weil es kühl ist, und nicht, weil es nass ist.

4 Aber es gibt auch Feuer, die man niemals mit Wasser löschen sollte, zum Beispiel Flüssigkeitsbrände. Hierbei kann es zu Explosionen kommen. Bei Fettbränden können meterhohe Stichflammen entstehen: Die Wassertropfen dringen in die heiße Flüssigkeit ein und verdampfen in Bruchteilen von Sekunden, wobei sie sich stark ausdehnen. Dadurch werden Brennstoffteilchen in die Luft gerissen, die beim Kontakt mit dem Sauerstoff in der Luft sofort explodieren. Flüssigkeitsbrände löscht man mit Schaum. Dieser trennt den Brennstoff vom Sauerstoff ab. Ein Fettbrand in der Pfanne kann gelöscht werden, indem man einfach einen Deckel auf die Pfanne setzt. Dadurch wird dem Feuer die Luft genommen.

5 Ein Feuer im Haushalt ist schnell entfacht. Eine brennende Zigarette fällt auf den Boden, Kinder zündeln mit Streichhölzern, eine Kerze wird vergessen, ein veraltetes Elektrogerät verursacht einen Schwel- oder Kabelbrand. Feuerlöscher sollten deshalb im Haushalt stets griffbereit sein. Häufig kommt es nachts zu Bränden und die Brandopfer werden im Schlaf überrascht. Oft werden die Betroffenen durch die Kohlenmonoxide bewusstlos, bevor sie durch Hustenreize aufwachen, und sterben nicht durch die Flammen, sondern an den Folgen der Rauchvergiftung. Rauchmelder können deshalb zu Lebensrettern werden – sie arbeiten optisch und geben einen schrillen Signalton ab, sobald Rauchpartikel in ihre Messkammern eintreten.

1. Teil: Textverständnis

22 Punkte

Aufgabe 1

2 Punkte

Kreuze die zwei richtigen Aussagen an.

Der Autor des Textes

A ☐ informiert darüber, was Feuer für den Menschen bedeutet.

B ☐ fordert dazu auf, Feuer immer ganz umweltfreundlich mit Wasser zu löschen.

C ☐ glaubt nicht, dass die Brandgefahr in den Griff zu bekommen ist.

D ☐ erklärt, dass Menschen auch ohne das Feuer auskommen könnten.

E ☐ gibt sachlich genau begründete Hinweise für verschiedene Löschmethoden.

F ☐ erklärt, wie der Mensch das Feuer erfunden hat.

☐ Punkte

Aufgabe 2

5 Punkte

Die folgenden Überschriften zu den Textabschnitten sind durcheinandergeraten. Ordne jeder Überschrift die Nummer des entsprechenden Textabschnitts zu.

A ☐ Brandschutz im Haushalt

B ☐ Feuer löschen mit Wasser

C ☐ Der Verbrennungsprozess

D ☐ Weitere Löschmethoden

E ☐ Entdeckung des Feuers

☐ Punkte

Aufgabe 3

5 Punkte

Vervollständige den folgenden Satz mit genauen Informationen aus dem Text:

Der „Homo erectus“ nutzte vor 1,5 Millionen Jahren das Feuer, um

____

____

____

____

☐ Punkte

Aufgabe 4

5 Punkte

Hier siehst du zwei Symbole für „Brandklassen". Womit kann man den Brand der Klasse A und womit den Brand der Klasse F am besten löschen? (Die Hinweise findest du im Text.)

Hier brennt ____________________, es lässt sich mit

____________________ löschen.

Hier brennt ____________________, es lässt sich mit ____________________

oder ____________________ löschen.

☐ Punkte

Aufgabe 5

5 Punkte

Das Schaubild stellt das Ausmaß der Waldbrände in Deutschland zwischen 1991 und 2008 dar. Setze in die Textlücken Informationen und Zahlen ein, die du in der Grafik finden kannst.

Die Anzahl der Waldbrände erreichte ihren Höhepunkt in der vorliegenden Statistik im Jahr __________. Damals wurden 3 012 Brände registriert. Über 1000 ha Fläche wurden jeweils in den Jahren 1992, 1993, 1994, __________ und 2003 vernichtet. In den Jahren 2002 und 2005 war die Anzahl der Waldbrände ____________________, in diesen Jahren wurden jeweils ca. __________ Waldbrände festgestellt. Besonders auffallend in der Statistik ist das Jahr 2003: Damals war die ______________________________ besonders groß.

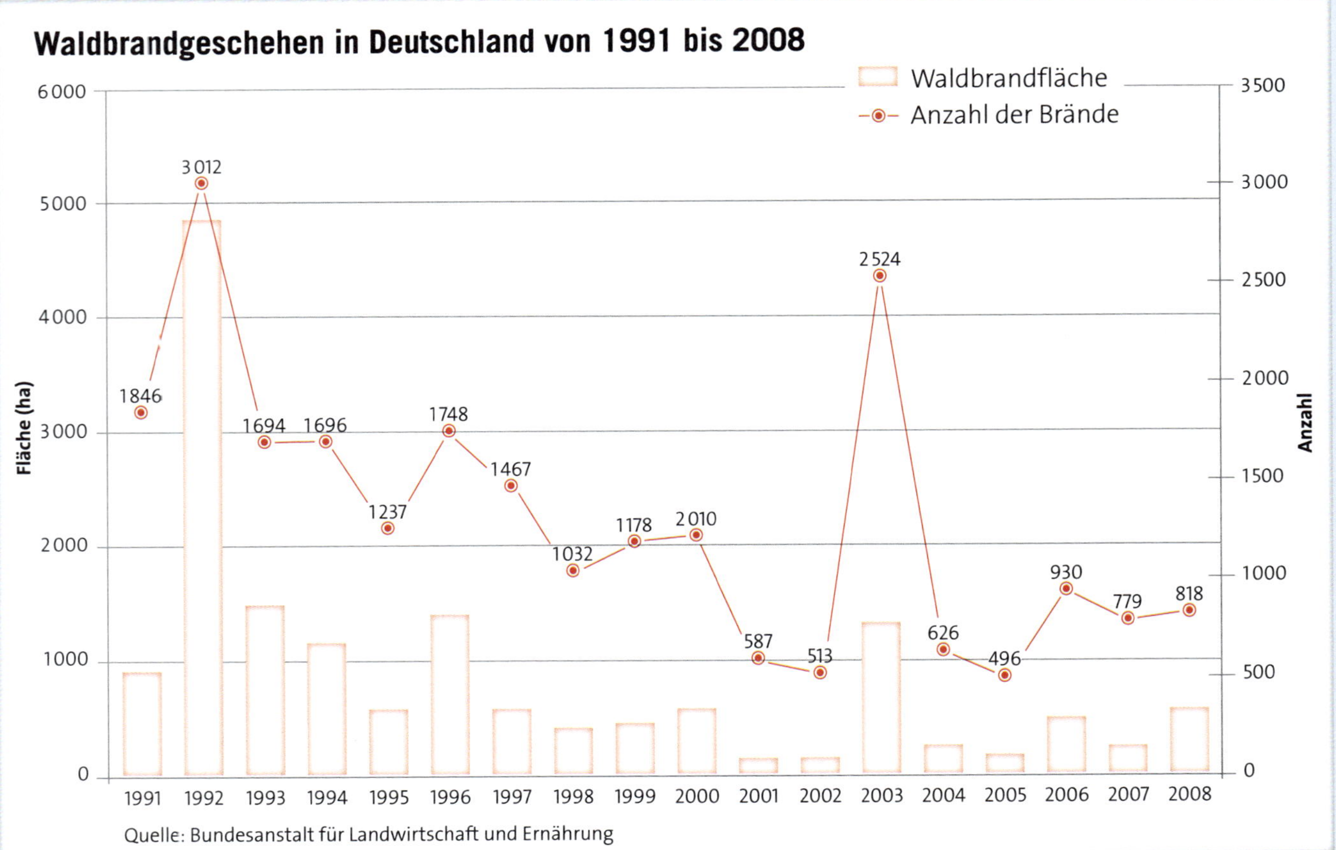

Quelle: Bundesanstalt für Landwirtschaft und Ernährung

☐ Punkte

2. Teil: Schreiben

16 Punkte

Aufgabe 6

6 Punkte

Ersetze die unterstrichenen Wörter durch je ein ähnliches oder gleichbedeutendes und schreibe den ganzen Satz auf.

A Die Forscher nehmen an, dass schon der Neandertaler Feuer entfachen konnte.

____

B Gibt man Wasser auf etwas Brennendes, wird der Flamme Energie entzogen.

____

C Feuerlöscher sollten im Haushalt immer griffbereit sein, um kleine Brände sofort löschen zu können.

____

______________________________ ☐ Punkte

Aufgabe 7

4 Punkte

Erkläre die folgenden Redewendungen. Ein Beispiel ist vorgegeben.

A Er fing Feuer. *Er war ganz begeistert von der Sache.*

B Es brennt mir auf den Nägeln. ______________________________

C Sie ließ mich schmoren. ______________________________

D Ich bin Feuer und Flamme. ______________________________

E Die Wunde brennt. ______________________________ ☐ Punkte

Aufgabe 8

4 Punkte

Suche jeweils ein passendes Wort aus dem Wortspeicher und setze es sinnvoll in die Lücke ein.

A Es interessiert mich ______________

B Diese Tonfigur ist bereits ______________

C Benzin ist leicht ______________

D Die Situation ist sehr ______________!

Wortspeicher

verbrannt • brennbar • brenzlig • brennend • gebrannt • abgebrannt

☐ Punkte

Aufgabe 9

2 Punkte

Bringe die Verben ihrer Bedeutung entsprechend in eine absteigende Reihenfolge.

Wortspeicher

~~erlöschen~~ • glimmen • flackern • glühen • schwelen • ~~lodern~~

lodern ______ ______ ______ ______ *erlöschen*

☐ Punkte

3. Teil: Rechtschreibung und Zeichensetzung

15 Punkte

Aufgabe 10

5 Punkte

Streiche die fünf falsch geschriebenen Wörter im Text durch und schreibe sie verbessert auf die Linien daneben.

„Wohltätig ist des Feuers Macht, wenn Sie der Mensch bezähmt, bewacht!", heisst es bei dem Dichter Friedrich Schiller – eine Weißheit, die sich bis heute bewehrt hat. Das Feuer ist nützlich, aber schon eine kleine Unvorsichtigkeit beim umgehen mit Feuer kann schreckliche Verwüstungen anrichten.

____

____

____

____

____

____

☐ Punkte

Aufgabe 11

4 Punkte

Setze die vier fehlenden Kommas. Vorsicht: Zu viel gesetzte Kommas ergeben Punktabzug!

Im Mittelalter kamen Großbrände bei denen ganze Stadtviertel abbrannten sehr oft vor. Erst ab dem 14. Jahrhundert brannte es seltener da nun Stein immer mehr das Holz als Baumaterial ersetzte. Brandschutzverordnungen enthielten lange Zeit zum Beispiel die Bestimmung dass nachts alle Feuer ausgemacht werden mussten.

☐ Punkte

Aufgabe 12

3 Punkte

Kennzeichne alle möglichen Trennungen in den folgenden Nomen durch einen senkrechten Strich:

F e u e r w e h r s p r i t z e • B r a n d s t i f t u n g • N a c h t w ä c h t e r

☐ Punkte

Aufgabe 13

3 Punkte

Ergänze in den folgenden Sätzen bei der wörtliche Rede bzw. beim Zitat oder Titel die Anführungszeichen und die erforderlichen Satzzeichen:

A Oft wurden die Stadtbewohner mit dem Ruf Feurio! aus dem Schlaf gerissen.

B Bildet vom Brunnen aus eine Kette mit Wassereimern befahl der Brandmeister und reicht sie rasch weiter

C In seinem Lied von der Glocke schildert Friedrich Schiller die Situation bei einem verheerenden Brand.

☐ Punkte

4. Teil: Grammatik

8 Punkte

Aufgabe 14

2 Punkte

Bestimme die Art der unterstrichenen Adverbialsätze.

A Weil die mittelalterlichen Städte eng gebaut waren, stieg die Brandgefahr.

____

B Nachdem die Brände gelöscht waren, wurde erst das ganze Ausmaß der Schäden sichtbar.

____

Aufgabe 15

4 Punkte

Kreuze jeweils an, ob es sich um einen Aktiv- oder einen Passivsatz handelt, und wandle Aktivsätze in Passivsätze sowie Passivsätze in Aktivsätze um.

	Aktiv	Passiv
A Noch heute berichten die Medien jeden Sommer über verheerende Waldbrände.	☐	☐
B Riesige Flächenbrände werden oft durch eine weggeworfene Zigarette verursacht.	☐	☐

____

☐ Punkte

Aufgabe 16

2 Punkte

Forme den Satz in die indirekte Rede um. Verwende den Konjunktiv.

Der Feuerwehrmann warnt Peter: „Du musst mit Feuer vorsichtig sein."

____

☐ Punkte

Werte deine Ergebnisse aus, indem du deine Antworten mit dem Lösungsheft abgleichst.

☺ 61–47 Punkte	☺ 46–26 Punkte	☹ 25–0 Punkte
Gut gemacht!	Überprüfe, in welchen Bereichen du noch Probleme hast, und übe dort gezielt.	Du hast noch recht große Wissenslücken. Arbeite alle Bereiche noch einmal sorgfältig durch, in denen du viele Fehler gemacht hast.

Autoren- und Quellenverzeichnis

S. 9: Goethe, Johann Wolfgang: Johanna Sebus. Aus: Goethes Werke. Hamburger Ausgabe in 14 Bänden. Hg. von Erich Trunz. Band 1. C. H. Beck Verlag München, 11. überarbeitete Auflage 1978, S. 284 ff. – **S. 28:** Mass, Wendy: Das Leben ist kurz, iss den Nachtisch zuerst (Auszug aus dem Vorspann). Aus dem Amerikanischen von Barbara Küper. cbj-Verlag in der Verlagsgruppe Random-House, München 2009, S. 9–12 – **S. 34:** Hebel, Johann Peter: Das wohlfeile Mittagessen. Aus: Johann Peter Hebel: Schatzkästlein des Rheinischen Hausfreunds. Insel Verlag, Frankfurt/M. o. J. – **S. 42:** Hirschmann, Kai: Das Taj Mahal. Nach: URL: https://www.helles-koepfchen.de/die_vergessenen_weltwunder/der_taj_mahal.html (Stand: 22.12.2016) – **S. 49:** Wolken – lebensnotwendig für alle Lebewesen. Nach: URL: http://www.geo.de/geolino/natur-und-umwelt/7243-rtkl-wetter-die-sprache-der-wolken (Stand: 22.12.2016; gekürzt und verändert) – **S. 51:** Flaschen-Tornado. Idee nach: URL: http://www.tjfbg.de/downloads/experimente/wasser/tornado-in-der-flasche/ (Stand: 22.12.2016) – **S. 87:** Ringkämpfe in der Mongolei. Nach: URL: http://www.mongolei.de/land/naadam.htm (Stand: 22.12.2016) – **S. 89:** Mpira – afrikanischer Sandfußball. Aus: URL: http://www.bleyenberg.de/afrikanische_spiele/indes.html (Stand: 22.12.2016) – **S. 94:** Wolak-walik. Nach: URL: http://material.plan-aktionsgruppen.de/files/wpsc/downloadables/Spiele-in-Asien.pdf (Stand: 22.12.2016; gekürzt) – S. 96: Essen mit Stäbchen. Aus: http://www.br-online.de/kinder/spielen-werkeln/rezepte/2013/03724 (Stand: 22.12.2016) – **S. 97:** Weißenborn, Stefan Robert: Die Ostküste der größten ... Aus: URL: http://www.welt.de/reise/article 1930653/Bei-den-Inuit-am-kalten-Ende-der-Welt.html (Stand: 22.12.2016) – **S. 99–100:** Lloyd-Jones, Robin: Red Fox und der weiße Bär. Übersetzt von Gerold Anrich. Dressler, Hamburg 2008, S. 142–143 u. 161 – **S. 106:** Harms, Gönke und Silke Rehren: Feuer. Nach: URL: http://www.planet-wissen.de/natur/energie/feuer/ (Stand: 22.12.2016: leicht gekürzt und verändert) – **S. 108:** Waldbrände in der Bundesrepublik Deutschland vor 1977 bis 2010. Grafik nach: URL: http://www.ble.de/SharedDocs/Downloads/01_Markt/10_Statistik/Waldbrandstatistik/Waldbrandstatistik-2010-PDF.pdf;jsessionid=223A06190C5216FED5025F2D44F6AEE5.1_cid335?__blob=publicationFile (Stand: 22.12.2016)

Bildquellenverzeichnis

S. 13: Fotolia/V.R.Murralinath – **S. 14:** Fotolia/tanhyushik – **S. 15:** mauritius images/imageBROKER/Frank Bienewald – **S. 16:** akg-images/Roland and Sabrina Michaud – **S. 17:** picture alliance/chromorange – **S. 33:** Coverillustration nach Wendy Mass, Das Leben ist kurz, iss den Nachtisch zuerst, erschienen im cbj Taschenbuch Verlag, München, in der Verlagsgruppe Random House GmbH – **S. 37:** Eoin Colfer: Artemis Fowl. Umschlaggestaltung und Konzeption: RME – Roland Eschlbeck und Cornelia Romberg nach einer Vorlage von Hauptmann & Kompanie Werbeagentur, Zürich. Illustration: Nikolaus Heidelbach. List Taschenbuch Verlag, 2011 – **S. 39:** Colourbox – **S. 42:** Bildagentur Huber/Gräfenhain – **S. 44 oben:** Fotolia/hecke71, **2. Foto von oben:** Fotolia/Delphotostock, **3. Foto von oben:** Shutterstock/Acon Cheng, **unten links:** Carlos Borrell, Berlin – **S. 46:** Fotolia/mdesigner125 – **S. 47:** mauritius images/Science Source/Jim W. Grace – **S. 54 oben:** akg-images, **unten:** Fotolia/Silver – **S. 55:** Reuters/Odair Leal – **S. 56:** picture alliance/dpa – **S. 60:** picture alliance/dpa – **S. 61:** picture alliance/dpa – **S. 62 unten:** picture alliance/akg-images – **S. 64:** picture alliance/dpa – **S. 65:** picture alliance/Mary Evans Picture Library – **S. 66:** ullstein bild/von der Becke – **S. 67:** picture alliance – **S. 68:** ullstein bild/Granger, NYC – **S. 70:** mauritius images/United Archives – **S. 72 links:** action press, rechts: akg-images/Rabatti – Domingie – **S. 73:** picture alliance/Ton Koene – **S. 74:** FOTOFINDER.COM/© Xinhua – **S. 75 oben:** Fotolia/andriigorulko, **unten:** Fotolia/Heike Rau – **S. 76:** Fotolia/debiv – **S. 77:** FOTOFINDER.COM/© Lineair – **S. 79:** Fotolia/lorenzot81 – **S. 87:** picture alliance/Udo Bernhart – **S. 96:** Cornelsen Verlag – **S. 98:** picture alliance/Ton Koene – **S. 102:** picture alliance/dpa – **S. 106:** Fotolia/Firma V – **S. 107:** Fotolia/Erdal Torun

Impressum

Teile einiger Kapitel dieses Heftes wurden erarbeitet von Gertraud Bildl, Friedrich Dick, Axel Fahl, Anja Hauenstein, Marianna Lichtenstein, Andrea Mevissen, Angela Mielke, Andrea Wagener, Julia Wiechert, Sonja Wiesiollek.

Redaktion: Dirk Held, Birgit Wernz, Frederike Schlünder

Coverfoto: © Shutterstock/Tom Wang

Illustrationen: Uta Bettzieche, Leipzig: S. 28, 29, 34, 52 – Nils Fliegner, Hamburg: S. 18–20, 57, 58, 62 oben, 63 –
Christiane Grauert, Milwaukee (USA): S. 4–11, 23–26, 48 – Sylvia Graupner, Annaberg: S. 110 – Christine Henkel, Dahmen: S. 38, 45 –
Susanne Kuhlendahl, Tönisvorst: Umschlagseite 3 – Jutta Melsheimer & Kai Hofmann, Berlin: S. 44 rechts – Ulrike Selders, Köln: S. 78–100

Gesamtgestaltung und technische Umsetzung: werkstatt für gebrauchsgrafik, Berlin

www.cornelsen.de

Druck: Parzeller print & media GmbH & Co. KG, Fulda

Ausgabe ohne interaktive Übungen
1. Auflage, 2. Druck 2018
ISBN 978-3-06-067461-9

Ausgabe mit interaktiven Übungen
1. Auflage, 1. Druck 2017
ISBN 978-3-06-067462-6

PEFC zertifiziert
Dieses Produkt stammt aus nachhaltig bewirtschafteten Wäldern und kontrollierten Quellen.
www.pefc.de

PEFC
PEFC/04-31-1308